善用"大思政课"的理与路

吴增礼 李亚芹／著

人民出版社

目　录

第一章 善用"大思政课"：研究现状、热点及展望

研究进程上，根据文献数量变化趋势，可将"大思政课"研究领域发展进程划分为 2010 年至 2016 年、2017 年至 2020 年、2021 年至 2024 年三阶段，其中第三阶段成果呈爆发式增长。成果结构上，研究范式以质性研究为主，教育类型主要指向高等教育。研究聚焦与热点分布上，以对具体问题的研究为主，对基本问题、关键问题和特殊问题的研究相对较少，"大思政课""课程思政""立德树人""高校"等为高频关键词，研究主题聚焦于对"大思政课"目标、机制、路径与方法的整体性和宏观性研究，以及"大思政课"环境营造与资源建设、"大思政课"理论阐释与演绎、课程思政、思政课设计与实施、"大思政课"教学内容创新、"大思政"实践课堂建设、数智化"大思政"研究等。研究内容上，以往学者主要从语义结构、事物性质、问题解决等维度界定"大思政课"，对"大思政课"基本问题、出场逻辑、存在形态、哲学原理、生态建构等展开学理辨析，对"大思政课"目标与原则、路径与方法展开探讨。未来在已有研究成果基础上，既要深化"大思政课"内涵、本质属性、矛盾与规律等基础理论研究，又要聚焦现实问题，加强"大思政课"师资建设研究、层次类型衔接研究、质量评价反馈研究、激励与保障研究、国际比较研究及政策应用性与适配性研究，还要创新研究方

法、破解范式单一。

作为高校思想政治教育发展新样态,"大思政课"日益成为引领思政课改革实践的立足点和学术研究的着眼点,"大思政课"研究成果数量益增,源自党的十八大以来习近平总书记高度重视思政课建设、强调善用"大思政课"的现实语境。尽管从"大思政"到"大思政课",其理念提出并精确化的时间不长,但研究关注度却日益高企,研究成果也颇为丰硕。对此,本研究选取中国知网(CNKI)学术期刊总库的中文核心和CSSCI来源期刊,以"篇关摘"对"大思政"进行文献检索,手工剔除书评和研究综述,共筛选出761篇文献作为数据基础,系统梳理成果产出最为密集的2022年1月至2024年10月500篇文献,分别从系统论、认识论、本体论和方法论视角,对"大思政课"研究成果进行整体分析,把握"大思政课"研究态势、热点与盲区,以期为未来善用"大思政课",推动学校思想政治教育高质量发展实践及研究提供有益启示与借鉴。

第一节　系统论视角下"大思政课"研究进程与
　　　　成果结构

从整体出发将研究对象视为一个独立系统,同时以系统多维的视角去观察分析研究对象是系统论的基本观点。事实上,实践中的"大思政课"的确是一个具有自身发展进程和内在要素结构的有机整体,纵向从研究进程和发展阶段,截面从研究机构和重要作者、研究范式和论文成果所指向的教育类型等不同视角分析已有研究成果的结构及特点,才能全面、客观把握"大思政课"研究现状。

一、研究进程与发展阶段

整体来看，"大思政"一词在中文核心和 CSSCI 来源期刊出现始于 2010 年，自 2010 年 5 月至 2024 年 10 月，"大思政"相关发文量呈震荡上行且在 2017 年增长加快，于 2021 年开始爆发式增长（见图 1-1）。根据文献数量变化趋势，可将本领域研究划分为三个阶段：

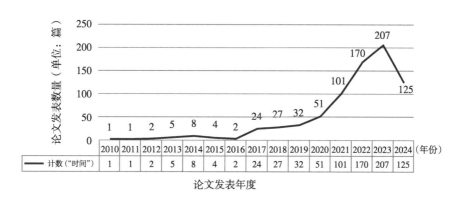

图 1-1 "大思政"研究文献数量年度变化趋势

2010 年至 2016 年为第一阶段，2010 年，王国炎在《思想教育研究》发表《思想政治理论课"大思政"教学改革与建设探索》，总结南昌航空大学以学生真心喜爱、终身受益为目标开展"大思政"建设的做法经验，提出确立"大思政教育观"、创新组织架构和体制机制、优化师资队伍结构、创新教学模块、强化实践特色教学的具体路径。然而这一阶段在总体上，论文成果极少且增长缓慢，表明"大思政课"尚未引起教育界重视，其研究也未受到广泛关注。

2017 年至 2020 年为第二阶段，2016 年 12 月全国高校思想政治工作会议召开，次年2月中共中央、国务院印发《关于加强和改进新形势下高校思想政治工作的意见》，对如何按照党中央要求加快高校思想政治工作供给侧改革，推动工作格局、机制、路径及方法创新的研究增多，"大思政"论文成果数量明显上升。

2021年至2024年为第三阶段，2021年3月，习近平总书记首次提出"'大思政课'我们要善用之"，同年教育部印发的《高等学校思想政治理论课建设标准（2021年本）》中，第19项指标明确为"建设'大思政课'"，要求高校调动各种资源用于思政课建设，将思政小课堂与社会大课堂相结合，在生产劳动和社会实践一线设置课堂以全面提升育人效果。在党的思想政治工作创新理论及相应政策制度指引下，高校对"大思政课"改革创新关注度迅速提升，"大思政"成为思政研究热点，相关论文成果激增。尤其是近3年，即2023年、2022年、2024年论文成果产出数量最大。

二、研究机构与作者贡献

根据研究机构文献产出数量进行成果贡献分析，"大思政"研究者主要来源于高校，高校"大思政"研究人员数量与中、小学"大思政"研究人员数量对比悬殊。"大思政"研究成果在高校的分布也较为集中（见表1-1）。第一，高校成果数量梯队分布，第一梯队为东北师范大学、中国人民大学、上海交通大学、武汉大学等高校对"大思政"研究关注度高，成果产出在10篇以上，尤以东北师范大学为最。第二梯队为华东师范大学、西安交通大学、吉林大学、中国矿业大学、东北大学、复旦大学、浙江大学、同济大学、北京大学、华中师范大学、清华大学、中央财经大学、河南师范大学、湖南大学、北京科技大学、东华大学、南京工程学院等高校对"大思政"研究关注度较高,成果产出在 5 篇以上。第二,本科院校中的"双一流"建设院校相较于一般本科院校"大思政"论文成果产出更高,本科院校相对于高职高专的"大思政"论文成果产出更高,高职高专院校中常州机电职业技术学院、重庆城市管理职业学院、无锡科技职业学院是"大思政"研究领域佼佼者。第三,"大思政"研究主体呈离散状态,在研究领域的合作主要为同机构不同研究者之间的合作,多主体、跨机构、跨地域的研究合作密度低,研究者及机构的合作网络未出现明显大节点,说明研究的核心网络并未形成,"大思政"研究总体上尚处于萌芽期。

表 1-1　2010—2024 年"大思政"相关文献主要研究机构

序号	相关文献数量	机构名称
1	27 篇	东北师范大学
2	17 篇	中国人民大学
3	12 篇	上海交通大学
5	10 篇	武汉大学
4	9 篇	华东师范大学、西安交通大学、吉林大学
6	8 篇	中国矿业大学
7	7 篇	东北大学、复旦大学、浙江大学、同济大学
8	6 篇	北京大学、华中师范大学、清华大学、中央财经大学、河南师范大学
9	5 篇	湖南大学、北京科技大学、东华大学、南京工程学院
10	4 篇	兰州大学、东南大学、上海财经大学、大连海事大学、中国农业大学、东北林业大学、新疆师范大学、上海师范大学、上海立信会计金融学院、常州机电职业技术学院
11	3 篇	中山大学、北京航空航天大学、北京师范大学、华东政法大学、南方医科大学、南京工业大学、天津师范大学、重庆城市管理职业学院、无锡科技职业学院

根据研究者文献产出数量进行成果贡献分析,发表 2 篇以上"大思政"论文的研究者共有 43 名(见图 1-2)。其中,最高产学者有 5 人,人均 4 篇,分别为冯秀军、叶方兴、李大健、李蕉、许瑞芳;次高产学者有 9 人,人均 3 篇,分别是彭庆红、徐蓉、李敏、杨晓慧、沈壮海、石书臣、肖珍、苏玉波、马福运;此外 29 位学者发表论文 2 篇,分别为刘朝晖、刘水静、单文鹏、卢怀、卢黎歌、吴增礼、吴春阳、夏建国、张旭、张萍、张阳、朱张虎、李辉、杨阳、梅纪萍、梅萍、楚国清、温惠淇、潘加军、牛小侠、王恒富、王新学、王易、王晨、章华明、耿品、蔡小葵、郑卫丽、黄鼎等学者。这 43 名研究者的"大思政"论文数量共计 105 篇,约占全部成果的 13.7%。设定被引 30 次以上为高被引论文,则在 128 篇高被引论文中,此 43 名研究者共有 28 篇论文列入其中,占比为 21.88%。

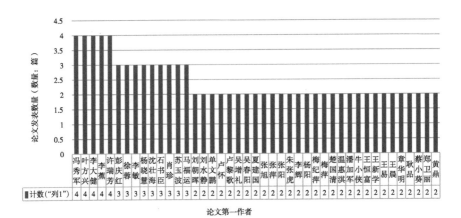

图 1-2 "大思政"研究文献主要贡献者

三、研究范式与教育类型

党的十八大以来,教育部、中宣部等部委对学校"大思政课"改革的顶层设计逐步深化和细化，中共中央办公厅、国务院办公厅印发的《关于深化新时代学校思想政治理论课改革创新的若干意见》，以及中宣部和教育部印发的《新时代学校思想政治理论课改革创新实施方案》、教育部等八部门《关于加快构建高校思想政治工作体系的意见》、教育部《关于进一步加强新时代中小学思政课建设的意见》、教育部等十部门《全面推进"大思政课"建设的工作方案》等系列指导性文件相继颁发，意味着学校思想政治教育进入内涵式创新发展阶段。与此相应，各层次类型学校"大思政课"改革实践不断推进，相应理论研究与经验总结均得到长足发展。为了较为科学、详尽地反映"大思政课"研究态势，本书从研究范式和研究所指向的教育类型等两个维度进行数据统计和对比分析。

其一，从研究范式分析，近3年"大思政课"研究主要以质性研究为主。

质性研究、量化研究、行动研究、混合研究是四种不同的研究范式，各有其特点和适用场景。其中，质性研究的基础是阐释与建构主义，而量化研究与行动研究的基础是实证主义。质性研究从宏大叙事或个案事件切入，对研究对象进行整体性探究，立足于问题及现象的演绎与归纳，侧重于逻辑推理与质性判断，强调对研究对象有重要意义的观点，其目的在于描述和理解。量化研究从具微信息切入，对研究对象进行数据挖掘，立足于信息收集整理与统计分析，侧重通过测量与计算来反映研究现象的因果关系，重视量化步骤及结果的效度和信度，其目的在于预测和控制。行动研究从活动设计切入，对研究对象进行目标设定和计划制定，立足于实现目标的计划执行，侧重通过活动结果的经验总结与反思，重视在实践中进行研究并通过总结反馈以改进实践，其目的在于提供经验。"混合研究是在一个独立研究中同时使用了量化和质性两种以上方法、手段或概念进行数据搜集或分析的一类研究"①，在方法论上具有综合性研究取向。

结合论证方式分析文献成果范式结构，采用质性研究范式的文献成果有 351 篇，总量占比高达 70.2%，其中又以观点演绎型论文为主，有 300 篇，此外 46 篇思想阐释型论文和 5 篇经验总结型论文；采用行动研究范式的文献成果有 131 篇，占比为 26.2%，其中以经验总结型为主，达 115 篇，此外还有 16 篇观点演绎型；采用量化研究范式的文献成果 12 篇，仅占 2.4%，其中观点演绎型 10 篇、经验总结型 2 篇；此外还有 6 篇文献成果为混合研究型论文，具有包括 5 篇经验总结型和 1 篇观点演绎型（见图 1-3 和表 1-2）。

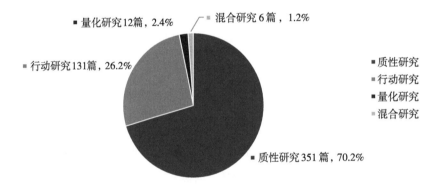

图 1-3 2022—2024 年"大思政"论文研究范式分布

表 1-2 "大思政"论文研究范式与论证方式结构表

序号	研究范式	论证方式						合计	
		观点演绎型		经验总结型		思想阐释型			
1	质性研究	300	60.00%	5	1.00%	46	9.20%	351	70.20%
2	行动研究	16	3.20%	115	23.00%	/	/	131	26.20%

———————

① 徐建平、张雪岩、胡潼：《量化和质性研究的超越：混合方法研究类型及应用》，《苏州大学学报》（教育科学版）2019 年第 1 期。

续表

序号	研究范式	论证方式						合计	
		观点演绎型		经验总结型		思想阐释型			
3	量化研究	10	2.00%	2	0.40%	/	/	12	2.40%
4	混合研究	1	0.20%	5	1.00%	/	/	6	1.20%
	合计	327	65.40%	127	25.40%	46	9.20%	500	100%

其二，从教育类型分析，近 3 年"大思政"研究指向的教育类型主要是高等教育。高等教育、职业教育和基础教育是教育体系中三个重要组成部分，各自承担不同教育任务和目标。其中基础教育贯穿小学、初中和高中，职业教育旨在满足个体在特定职业领域中的培训和成长需求，高等教育是教育体系的最高阶段，包括大学和研究生教育。实际上职业教育又分为中职与高职，高职是高等教育的一部分。因此，为了更为清晰直观地反映"大思政"研究所指向教育类型，本研究将高职归类为职业教育。在不同教育类型，思政课都是"培根铸魂"的生命线，然而从统计数据来看，有 234 篇论文研究的是高校"大思政课"，占比46.8%；有 165 篇论文未指向具体教育类型，以整个学校教育体系为分析对象，占比 33%；有 75 篇论文研究的是中、小学"大思政"，占比

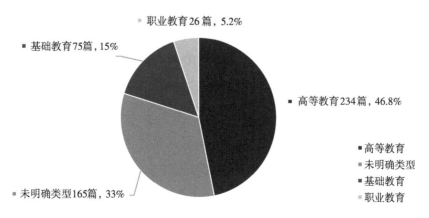

图 1-4 "大思政"论文指向教育类型分布

15%；还有 26 篇论文针对职业院校"大思政"展开研究，仅占 5.2%，从职业教育内部结构来看，包括 15 篇指向高职院校的论文和 5 篇指向中职学校的论文，还有 6 篇未明确层次。

第二节　认识论视角下"大思政课"研究聚焦与热点分布

认识论即知识观，关于知识之由来、内容、性质、标准等的认识。从认识论维度对"大思政课"已有研究进行分析，就是解答已有成果所建构的"大思政课"知识体系内在结构布局如何的问题。从呈现的关键词、指向的具体论题以及所研究问题的性质进行研究热点分析，能较为集中地体现"大思政课"已有知识体系发展情况。

一、基于关键词的研究热点

高频关键词揭示学者在特定研究领域普遍聚焦的主题，也最能直观反映研究热点所在。通过 CiteSpace 软件对 2010 年 1 月至 2024 年 10 月"大思政"论文数据进行分析，共识别出 322 个关键词，累计出现 1211 次，每一关键词平均再现频率为 3.76。在这 322 个关键词中，有 196 个仅出现 1 次，大约占总量的 60.87%，这些低频关键词一方面反映"大思政"主题之下具体研究问题较多，体现"大思政课"研究内容的宏大性、复杂性和多变性；另一方面关键词呈离散状态，说明新问题不断涌现。高频关键词如表 1-3 所示，词频由高到低依次是"大思政课"、课程思政、立德树人、高校、"大思政"、思政课、协同育人、实践教学等，这些关键词是"大思政课"研究领域的热点话题。其中，作为关键词的"大思政"始现于 2010 年，然而 7 年之后学界对"大思政"研究的关注度才逐渐升温。作为最高频关键词的"大思政课"于 2021 年 3 月习近平总书记提出"'大思政课'我们要善用之"后才开始出现，在重要学术期刊论文的高频词中也体现出最高的中心性，说明其将是思政研究领域持续关注的焦点。"大思政"与"大思政课"的共同点是以青少年为共同对象，具有共同的为党育人、为国育才的培根铸魂目标，均注重教育层次类型的贯通性、教育形态的多样性、教育方式方法的渗透性，从"大思政"到"大思政课"，在概念表述上更精确，在思政性质上更明晰，在育人功能上更强化。

表 1-3 2010—2024 年"大思政"论文关键词频数统计

序号	关键词	频次	中心性	首现年度	序号	关键词	频次	中心性	首现年度
1	"大思政课"	128	0.39	2021	11	三全育人	19	0.02	2019
2	课程思政	98	0.27	2018	12	思政课程	17	0.02	2018
3	立德树人	71	0.17	2017	13	思政教育	15	0.03	2017
4	高校	56	0.15	2013	14	高职院校	14	0.03	2012
5	"大思政"	46	0.12	2010	15	一体化	14	0.03	2014
6	思政课	44	0.09	2013	16	大学生	13	0.05	2017
7	协同育人	28	0.05	2017	17	路径	12	0.02	2013
8	实践教学	25	0.02	2012	18	实践路径	22	0.03	2015
9	新时代	22	0.02	2021	19	时代新人	10	0.01	2022
10	教学改革	19	0.02	2010	20	实践育人	8	0.01	2018

二、基于论文题目的研究热点

论文题目最能全面且直观反映论文的研究主旨。基于对论文题目所聚焦的研究主旨判断分析，以往学者最为关注的问题是"大思政课"工作目标、机制、原则与路径体系的宏观研究，有 80 篇，占 16%；其次关注的是"大思政课"环境营造与资源建设、"大思政课"理论阐释与演绎、课程思政、思政课设计与实施等 4 类问题，文献量分别是 67 篇、64 篇、63 篇、56 篇，占比依次是 13.4%、12.8%、12.6%、11.5%；文献量占比在 5%—10% 的关注主题是"大思政课"教学内容创新、"大思政"实践课堂（含社会大课堂）、数智化"大思政"等 3 类，文献量分别是 41 篇、36 篇、33 篇，占比依次是 8.2%、7.2%、6.6%。此外，"大思政"协同育人、"大中小思政一体化"、"大思政"师资建设、"大思政"视域下专业人才培养、"大思政"保障与支持、"大思政"评价等领域的文献量依次为 22 篇、14 篇、13 篇、5 篇、4 篇、2 篇，说明学界对这些问题有所关注但关注度较低，在未来的研究中应给予更多重视（见图 1-5）。此外，关于"大思政课"政策制度研究、国际比较研究、激励及保障机制研究等尚处于研究盲区，有待研究者涉入。

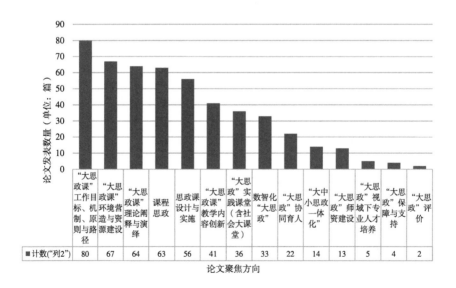

图 1-5　2022—2024 年"大思政"论文主题聚焦分布

三、基于问题类型的研究热点

"问题是学术的源头。一切学术思维活动及其理论成果都以问题为根源。"[①] 可将"大思政"视为一个总问题，每位开展"大思政"研究的学者均是以独特的问题视角，按照"提出问题、分析问题、解决问题"的逻辑理路，对"大思政"这一宏大总问题从宏观至微观，从总体至某一侧面的有限领域加以关注，则可分为对基本问题、关键问题、具体问题和特殊问题等不同类型问题给出解答，最终形成创新性论文成果。

从成果产出峰值期的论文指向问题类型分析，超过一半的文献成果集中在"大思政"具体问题和特殊问题，占比达 71.8％，对"大思政"基本问题和关键问题的研究均相对较少（见图 1-6）。具体情况如下：

其一，指向基本问题研究。基本问题通常指向学科本质，是那些永恒且基础的，规范研究领域中其他一切问题，同时通过不断探讨以增进对事物理解的问题。"大思政"基本问题则是关于学校思想政治教育是什么和为什么，指向"大思政"核心内容，涉及"大思政"内涵外延、基本定位、基本特性、主要矛盾、运行规律等的理论问题。指向基本问题研究的文献成果最少，为 68 篇，占比 13.6％，均采用质性研究范式。

其二，指向关键问题研究。关键问题指在某个系统、某种情况或者某一事物中至关重要、必不可少，具有核心性、指导性和全局性，能够决定结果或影响决策走向的重要问题，"大思政"关键问题则是学校思想政治教育高质量发展需要优先考虑和解决的问题，解决不当可能严重影响"大思政"改革整体进程及结果，包括如"大思政"目标、原则、工作体系机制及系统性实现路径等。指向关键问题研究的文献成果 73

---

① 何善亮：《论教育研究者的问题意识》，《教育理论与实践》2017 年第 19 期。

篇，占比 14.6%。其中，着眼于对"大思政"的时代背景、价值底蕴、逻辑理路、工作机制和路径进路进行一体化构建的相关论文 69 篇，此外从协同育人角度对"大思政"进行整体审视和系统思考的论文 4 篇。

其三，指向具体问题研究。具体问题是"大思政"关键问题辐射至某一方面，与"大思政"主体、客体、介体、环体等特定要素相关，在"大思政"整个系统中处于局部、具体位置的限制性问题。指向具体问题研究的文献成果最多，为 271 篇，占比 54.2%。按照研究的聚焦方向，其中有"大思政课"环境营造与资源建设相关论文 48 篇，"大思政课"教学内容创新相关论文 37 篇，思政课设计与实施相关论文 37 篇，含"社会大课堂"建设在内的"大思政"实践课相关论文 35 篇，"课程思政"相关论文 33 篇，数智化"大思政"相关论文 32 篇，不同层次、不同类型、不同课程下"大思政"协同育人相关论文 18 篇，"大思政"师资建设相关论文 13 篇，"大中小思政一体化"相关论文 11 篇，"大思政"保障与支持建设相关论文 4 篇，"大思政"评价相关论文 2 篇。按照研究范式，对具体问题采用质性研究为主，有 216 篇，占 79.7%；其次是行动研究，有 49 篇，占 18.1%。

其四，指向特殊问题研究。特殊问题指将"大思政"置于特定情境下，如研究某一特定区域、学校、专业、课程、教学内容、实践活动等的具体问题，也是需要提出针对性措施和个性化行动予以解决的问题，这些问题的研究范式一般采用行动研究，最终总结得出行动经验，或采用量化研究并形成观察结论。指向特殊问题的文献成果 88 篇，占比 17.6%。在指向特殊问题的论文中，根据研究聚焦方向，"课程思政"相关论文 26 篇，占 29.5%；"大思政课"环境营造与资源建设相关论文 19 篇和思政课程设计与实施相关论文 19 篇，各占 21.6%；"大思政"工作目标、机制、原则与路径相关论文 10 篇，占 11.4%；此外还有"大

"思政"下学科专业人才培养相关论文 5 篇、"大思政"教学内容创新相关论文 4 篇、"大中小思政一体化建设"相关论文 3 篇、含"社会大课堂"在内"大思政"实践课堂建设相关论文 1 篇、数智化"大思政"相关论文 1 篇。根据论文研究的特定情境,凸显地域特色相关论文 16 篇,占 18.2%;以特定行业为背景相关论文 7 篇,占 7.9%;指向具体学校的校本论文最多,有 64 篇,占 72.7%,其中有 29 篇具体到学校的特定学科专业。

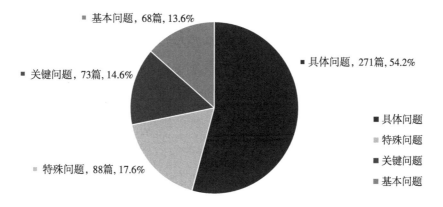

图 1-6　2022—2024 年"大思政"论文聚焦问题类型分布

第三节　本体论视角下"大思政课"内涵界定与学理辨析

本体论是关于存在的最一般规律的学说,也是探究世界本原和事物本质的哲学理论。从本体论维度把握"大思政课"已有研究成果,就是对脱离个别形态和具体时空的"大思政课"是什么以及怎么样进行客观把握,从而对"大思政课"本质属性、内在关系、存在形态、运行规律等获得充分且客观的认识。

一、"大思政课"内涵界定

概念界定是某一领域实践工作开展与学术研究推进的基础,界定和阐释"大思政课"概念是"大思政课"研究的起点,有利于明确"大思政课"范畴及内涵与外延。在界定方式上,已有文献分别基于语义结构、事物性质以及问题解决等不同视角定义和阐释"大思政课"基本意涵。

一是基于语义结构的界定。首先,从"大"的范畴。韩可(2022)[①]指出"大思政课"的"大"是相对于传统思政课"小"的比喻,包含大课堂、大教学、大教材、大先生和大时空等大课程要素。王家明(2024)[②]、孟冬冬(2022)[③]则介绍"大思政课"的全景包括扎根世界百年未有之大变局与中华民族伟大复兴战略全局宏"大背景",坚持社会主义核心价值观"大方向",构建思政课教师、通识基础课教师、专业课教师、校内社会实践活动的组织者与外部社会力量协同育人的"大格局",构筑学校小课堂、社会大课堂与网络云课堂育人"大阵地",推进大中小学思政课一体化"大衔接",思政课教师成为新时代"大先生",充分利用各类教育"大资源",将思政课程、课程思政与社会实践课有机结合成"大课程"。肖珍、靳玉军(2022)[④]提出"大

[①] 韩可:《课程论视角下"大思政课"的实施维度与实践理路》,《思想理论教育》2022年第5期。

[②] 王家明:《"大思政课"建设的基本内涵、理念提升和机制建立》,《江苏高教》2024年第2期。

[③] 孟冬冬:《"大思政课"视域中新时代思政课高质量发展研究》,《中国电化教育》2022年第10期。

[④] 肖珍、靳玉军:《新时代"大思政课"的核心要义、实践要求与价值意蕴》,《学校党建与思想教育》2022年第9期。

思政课"的核心要义是落实立德树人的"大使命"，构建纵横贯联的"大课程"，依托互联互动的"大课堂"。其次，杨维伟（2023）[1] 从"大""思政"和"课程"语义对"大思政课"进行解构，"大"是善用社会大课堂、搭建大资源平台、构建大师资体系；"思政"是在"大思政课"中滋养思想性、强化政治性、升华共鸣性；"课程"是融合科学理论与时代背景、连接历史成就与时代主题、平衡经验总结与时代生活。

二是基于事物性质的界定。其一，基于课程属性、社会属性和实践属性。路丙辉（2022）[2] 主张"大思政课"是基于课程属性的教学内容改革、基于社会属性的教学空间扩张、基于实践属性的教学形态鼎新。其二，基于本质论、目的论、过程论、效果论。马福运、宋晓珂（2022）[3] 提出，在本质论视角，"大思政课"是坚持以课为基，坚守思想政治理论课堂的主渠道、统筹大中小学思政课一体化建设、推进思政课程与课程思政同向同行的"大课堂"；在目的论视角，是突出人才培养的"大担当"，讲好传授科学知识的理论大课、讲好激发青年担当的时代大课、讲好展现人民力量的实践大课；在过程论视角，是组成多元的协同育人主体、整合丰富的协同育人资源、打造立体的协同育人场域，强调多元协同的"大格局"；在效果论视角，是实现了课程统一性与过程多样性、教师主导性与学生主体性、显性教育与隐性教育相统一，提升教育质量的"大课"。其三，基于唯物史观存在论、认识

---

① 杨维伟：《"大思政课"建设内涵剖解》，《中学政治教学参考》2023 年第 19 期。

② 路丙辉：《中国式现代化进程中的"大思政课"建设》，《教育研究》2022 年第 12 期。

③ 马福运、宋晓珂：《"大思政课"科学内涵的多维解读》，《中国高等教育》2022 年第 19 期。

论、实践论。仝联勃、孙玥（2024）①认为社会存在决定社会意识是"大思政课"存在论要义，"社会生活"是思想政治教育的"大课堂"；感性认识上升到理性认识是"大思政课"认识论结构；用理论引导现实是"大思政课"中的实践论指向。其四，基于人本理念。吴云志、李子玄（2024）②和徐志萍（2023）③提出，"大思政课"基于"以人为本"的育人理念，倡导构筑多元协同的教育格局，强调突出宏大视野的内容设计，坚持思政课堂的教学主渠道，注重全员育人新形态，倡导全过程育人新格局，强调全方位育人新实践，达到"全员参与，无时不有，无处不在"的理想状态。

三是基于问题解决的界定。其一，基于解决人才培养问题视角。一方面，李蕉（2022）④认为"大思政课"居于推动新时代的创新人才培养的历史方位和定义新时代的高质量思政课的理论定位，是要以加强与现实的对话来"育人"，以大视野和大体系来冲破原有部分教师、部分课堂"躲进小楼成一统"的态势，让理论与时代同频共振，从而激活青年的创新动力。另一方面，邓卫（2024）⑤定义"大思政课"是思政课的范式创新、迭代升级，以更加宏观的视野、开放的格局，贯通历史、现实与未来，坚持理论与实践、中国与世界相结合，发挥思政小课堂优

① 仝联勃、孙玥：《"大思政课"的唯物史观阐释》，《思想理论教育导刊》2024年第8期。

② 吴云志、李子玄：《"大思政课"：基本意涵、逻辑理据及实践进路》，《教育科学》2024年第1期。

③ 徐志萍：《"大思政课"的理论内涵、现实价值与实践路径》，《中学政治教学参考》2023年第32期。

④ 李蕉：《"大思政课"的历史方位与理论定位》，《思想理论教育导刊》2022年第9期。

⑤ 邓卫：《深化"大思政课"的理论认识与实践探索》，《中国高等教育》2024年第6期。

势，充分运用社会大课堂多元资源和广袤场域，使学生在认识—实践—认识的不断深化过程中实现知、情、意、信、行的统一。其二，基于思政生态建构视角。韩锐、纪梦然、刘畅（2022）[①] 提出，新时代"大思政课"内外循环系统是指由相互联系、相互作用的内部系统与外部系统及其若干要素构成的，在一定结构形式下按照方向一致、开放融通、循环互动等目标要求，促使学校教育、家庭教育、社会教育协同发展，教育主体、教育介体、教育客体有序运行的有机整体。杨增崟、赵月（2022）[②] 主张"大思政课"是在既有思政课建设的现实基础上，从大视野、大历史、大体系三维视角，克服传统思政课存在的时空局限性、"孤岛化"等困境，从而使其具备"空间的广度""时间的厚度"以及"实践的宽度"，进一步构建胸怀"两个大局"、跨越百年历史维度、多维时空协同育人的思政课新形态。其三，基于促进思政课改革视角。石书臣（2022）[③] 定义"大思政课"主要不是"'大思政'课"，而是"大'思政课'"，本质上要围绕思政课进行改革创新，在"大"上做文章，充分利用和发挥各类主体、各门课程、各种资源的思想政治教育功能，形成协同育人效应。牛小侠等（2024）提出"大思政课"是善于发挥大师资力量、运用社会大课堂、运用社会资源大平台、拓展大工作格局的"思政课"。

---

①　韩锐、纪梦然、刘畅：《构建新时代"大思政课"内外循环系统》，《中国高等教育》2022 年第 11 期。

②　杨增崟、赵月：《善用"大思政课"：深刻内涵、时代价值与建设理路》，《学校党建与思想教育》2022 年第 5 期。

③　石书臣：《深刻把握"大思政课"的本质要义》，《马克思主义理论学科研究》2022 年第 7 期。

二、"大思政"学理辨析

一是习近平"大思政"观阐释。首先，叶定剑、林立涛（2023）[①]从"国之大者""理论联系实际""善用"三维阐释习近平"大思政"观是着眼于大，对"国之大者"心中有数；与现实结合，用好新时代实践育人富矿；重在善用，打造因事而化"大思政课"。其次，王国兵、雷龙乾（2023）[②]从时代、思想和生活方位阐释习近平"大思政"观，其时代方位是立足新时代中国特色社会主义伟大事业、中华民族伟大复兴和人民对美好生活的向往等时代大问题，思想方位是以马克思主义思想武器和习近平新时代中国特色社会主义思想为引领，生活方位是社会主义伟大实践和大学生成己成人，成为担当民族复兴大任的时代新人。第三，纵向贯穿教育层次阐释习近平"大思政"观，单文鹏（2023）[③]认为其涵盖"在大中小学循序渐进、螺旋上升地开设思政课非常必要"的战略定位论、"把统筹推进大中小学思政课一体化建设作为一项重要工程"的目标任务论和"抓好教学目标设计、课程设置、教材编写、教学改革、教师培养、考核评价等环节"的实践策略论，揭示大中小学思政课一体化的战略定位。第四，横向联结阐释习近平"大思政课"之"社会大课堂"，潘加军、孙品（2022）[④]提出"社会大课堂"是马克思主义

---

① 叶定剑、林立涛：《习近平"大思政课"重要论述三维审视》，《中学政治教学参考》2023 年第 32 期。

② 王国兵、雷龙乾：《习近平"大思政课"实践价值的三重方位》，《中学政治教学参考》2023 年第 4 期。

③ 单文鹏：《习近平关于大中小学思想政治理论课一体化建设的重要论述探析》，《思想教育研究》2023 年第 7 期。

④ 潘加军、孙品：《习近平总书记关于社会大课堂重要论述的生成逻辑与践行路径》，《毛泽东研究》2022 年第 5 期。

实践观的拓展深化、党领导思政课教学改革的创新探索、中国传统知行文化的传承发展，吴增礼、李亚芹（2022）① 认为是胸怀大格局，涵育大情怀、形成大主体观、大资源观。

二是"大思政课"基本问题。冯秀军（2023）② 定位于思政课建设高质量发展，认为"课程"属性、理论联系实际的灵魂、连接思政小课堂与社会大课堂的桥梁是"大思政课"的基本问题。向云发、杜仕菊（2022）③ 以因何为"大"、何以为"大"以及如何做大、大而有为确定善用"大思政课"基本问题。肖珍（2022）④ 将站位与视野、理论与实践、小课堂与大课堂、教材与教学、守正与创新等五对关系确定为"大思政课"基本问题。粟莉（2024）⑤ 以把握教育政治属性、思政课战略属性和民生属性为"大思政课"基本问题。雷洪峰、靳斯琪（2023）⑥ 认为核心要义、育人理路、实践进路是"大思政课"的基本问题。曾令辉、卜路平（2023）⑦ 从内涵、主体、特性、矛盾与规律、外延和边界等基本理论问题视角对"大思政课"加以探究。

① 吴增礼、李亚芹：《习近平"社会大课堂"实践论纲》，《思想政治教育研究》2022 年第 5 期。
② 冯秀军：《"大思政课"建设的几个基本问题》，《思想教育研究》2023 年第 8 期。
③ 向云发、杜仕菊：《善用"大思政课"的基本问题论要》，《思想理论教育》2022 年第 3 期。
④ 肖珍：《论正确理解新时代"大思政课"的五对关系》，《中学政治教学参考》2022 年第 9 期。
⑤ 粟莉：《推进高校思政课建设应科学把握教育三重属性》，《学校党建与思想教育》2024 年第 18 期。
⑥ 雷洪峰、靳斯琪：《核心要义、育人理路、实践进路："大思政课"基本问题探析》，《思想教育研究》2023 年第 7 期。
⑦ 曾令辉、卜路平：《推进"大思政课"建设的几个基本理论问题》，《思想理论教育导刊》2023 年第 10 期。

三是"大思政课"出场逻辑。历史演进维度，张强军（2023）①提出"大思政课"遵循课程发展规律，思政课程形态从"马列主义理论课程"到"两课"再到"思想政治理论课"的演变，在新时代进入"大思政课"全新发展阶段；回应时代维度，面临种种现实问题倒逼思政课改革创新，"大思政课"是对教育环境复杂化、信息来源多样化、学生需求多元化给思政课建设带来重大挑战的回应。从人学思想、协同理论和系统观念探讨"大思政课"出场逻辑，吴云志、李子玄（2024）②认为人学思想是其价值性理据，协同理论是其内在性理据，系统观念是其实践性理据。从理论和现实逻辑，李钰清、黄芳（2022）③主张"小我融入大我"的价值导向、放眼古今中外的广阔视野和多元主体协同的育人格局是"大思政课"理念的理论逻辑；邓卫（2024）④则认为破解当前思政课道理讲不深入、不透彻、不鲜活的突出问题是"大思政课"的现实逻辑。

四是"大思政课"形态考察。首先从判断事物存在形态，杨威、田祥茂（2022）⑤认为"大思政课"首先存在空间、时间、结构和功能形态。其次基于社会运行视角，李济沅、代玉启（2022）⑥认为"大思政

① 张强军：《"大思政课"的出场逻辑、比较优势与实践要求》，《大学教育科学》2023年第2期。

② 吴云志、李子玄：《"大思政课"：基本意涵、逻辑理据及实践进路》，《教育科学》2024年第1期。

③ 李钰清、黄芳：《"大思政课"理念的三重逻辑》，《思想政治课教学》2022年第10期。

④ 邓卫：《深化"大思政课"的理论认识与实践探索》，《中国高等教育》2024年第6期。

⑤ 杨威、田祥茂：《"大思政课"的形态学考察》，《思想理论教育》2022年第4期。

⑥ 李济沅、代玉启：《基于社会运行视角的"大思政课"形态优化》，《学校党建与思想教育》2022年第7期。

课"分为思政课程基础形态、生活实践拓展形态、社会运行泛在形态等三种类型。第三,在发展境界上,徐蓉、张飞(2022)[1]提出"大思政课"建设由教学理念升级、师资能力升维、课程视野升格等三重境界构成。第四,在精准形态上,郭勇、张澍军(2023)[2]分析"大思政课"要素和结构方面有着理念、技术、对象、时空、目标等自身鲜明规定,运行和环节方面包括识别画像、分析与匹配、内容供给、评估与管理四个方面。第五,在发展特征上,薛冰、包妍妍(2024)[3]判断其呈现出内容战略化重构、场域泛在化拓展、技术颠覆化革新、关系结构化转型的样态特征。第六,在事物运行维度,聂迎娉、傅安洲(2024)[4]提出"大思政课"存在大中小思政贯通运行、学校显隐课程协同运行、社会系统全景运行三重样态。

五是"大思政课"哲学审视。首先,从渐进式知识学审视,李蕉(2024)[5]分析"大思政课"基于工作规划中的"理念"、教学实践中的"理解"、教育研究中的"理论"三者的良性互动,折射出"教育政策—教育实践—教育理论"的"大思政课"共创共为。其次,在系统论视角,

① 徐蓉、张飞:《试论全面推进"大思政课"建设的三重境界》,《思想教育研究》2022年第12期。

② 郭勇、张澍军:《精准形态思想政治教育探析》,《学校党建与思想教育》2023年第19期。

③ 薛冰、包妍妍:《大学生思想政治教育新质态发展探赜》,《学校党建与思想教育》2024年第15期。

④ 聂迎娉、傅安洲:《"大思政课"运行的现实样态、价值旨归与路径优化》,《大学教育科学》2024年第3期。

⑤ 李蕉:《在理念、理解、理论之间:"大思政课"建设的知识学审视》,《思想理论教育》2024年第3期。

刘先春、佟玲（2022）[①]、蒋笃运、詹璐遥（2023）[②]认为"主渠道"是基础性要素，领导、理论、资源是运行性要素，组织和制度是保障性要素，体现铸魂育人政治观、"一盘棋"整体观、同频共振协同观、全时空开放观、知行合一实践观。第三，在方法论维度，李敏（2022）[③]判断"大思政课"资源转化基本关系包括教育资源转化的整体布局和具体编排、同质解读和异构表现、周期性和长期性、教育者的集中阐释和受教育者的自觉"发现"等；张夏、吴宏政（2023）[④]分析其方法论依据是感性认识和理性认识、历史事实和道理论述、隐性教育和显性教育相统一。第四，在理性边界考量上，王建颖、张红（2024）[⑤]提出数字化转型下高校课程思政的主体理性、内容理性与过程理性依次是秉持课程思政教育思维与数字思维、兼顾思政理论知识与虚拟仿真体验、协同"三全育人"与思政数字治理。

六是"大思政课"生态建构。首先，王岩、郭凤龙（2022）[⑥]主张从和谐建构六对关系中培育"大思政课"健康生态，包括教学内容严肃性与教学方法鲜活性、知识结构合理性与学有专攻特殊性、教材体系原则性与课堂把握灵活性、教育技术先进性与教学手段传统性、

① 刘先春、佟玲：《系统论视域下"大思政课"建设的多维分析》，《思想政治教育研究》2022年第6期。

② 蒋笃运、詹璐遥：《新时代大思政课建设的系统观》，《河南师范大学学报》（哲学社会科学版）2023年第1期。

③ 李敏：《"大思政课"教育资源转化的方法论思考》，《思想理论教育》2022年第10期。

④ 张夏、吴宏政：《论"大思政课"的方法论根据》，《吉首大学学报》（社会科学版）2023年第6期。

⑤ 王建颖、张红：《数字化转型下高校课程思政建设的理性边界与未来进路》，《东北师大学报》（哲学社会科学版）2024年第3期。

⑥ 王岩、郭凤龙：《在着力"六个结合"中展现"大思政课"的善用之道》，《马克思主义与现实》2022年第5期。

教学方法散在性与教学理念统一性，以及理论知识系统性、实践素材生动性与网络多样性等。其次，吴旭红、杨睿（2022）[①] 提出从要素结构培育"大思政课"健康生态，具体是人员、路径、环境等静态要素相互协调、互相作用，形成联结结构、并列结构、反馈结构等动态结构。第三，马福运、宋晓珂（2023）[②] 依据圈层理论，解构"大思政课"视域下高校思政课生态建设圈层结构体现为课堂教学为本体圈层、顶层设计为基础圈层、氛围营造为条件圈层、教学服务为保障圈层。

第四节 方法论视角下"大思政课"目标与原则、路径与方法探讨

"一切划时代的体系的真正的内容都是由于产生这些体系的那个时期的需要而形成起来的。"[③]"大思政课"突破思政课发展瓶颈，创新贯彻"思想政治工作是学校各项工作的生命线"的指导方略，全面彰显"思想政治工作作为治党治国重要方式"的特殊地位，对传统人才观、知识观、教师观、课程观、教学观、评价观进行超越与重构，是打通思政课改革的"最后一公里"。对于如何打通这"最后一公里"，学界在方法论维度，从目标、原则、机制与进路予以积极探讨。

---

① 吴旭红、杨睿：《高校"大思政"教育生态的要素结构与治理体系》，《中学政治教学参考》2022 年第 48 期。

② 马福运、宋晓珂：《"大思政课"视域下高校思政课生态建设论纲》，《河南师范大学学报》（哲学社会科学版）2023 年第 1 期。

③ 《马克思恩格斯全集》第三卷，人民出版社 1960 年版，第 544 页。

一、"大思政课"目标与原则

一是"大思政课"目标体系。综合徐志萍(2023)①、肖珍和靳玉军(2022)②、邹华(2023)③、张晨阳(2024)④、陈诚(2024)⑤、石书臣(2022)⑥等学者对"大思政课"建设目标及价值意蕴的讨论，可以将"大思政课"宗旨目标按先后逻辑分解为三个方面。首先是学校思政课内涵式高质量发展目标。"大思政课"是决定新时代思政课命运的关键一招，目标是增强思政课的亲和力、针对性和时代感、吸引力、说服力，为思政课落实立德树人根本任务提供新保障，为思政课一体化衔接指明新思路，为思政课有效融入社会提供新机制，推动思政课建设进入新发展阶段，开辟思政课为党育人、为国育才的新境界，真正形成全员、全方位、全过程育人的大格局。其次是马克思主义意识形态建设目标。"大思政课"是对时代新人进行思想政治教育暨巩固主流意识形态的主渠道、主阵地，目标是坚持思政课的主导性、政治性、理论性和思想性，遵循马克思主义人的全面发展理论本质要求，通过学校思政课各项要素、各个环节、内外环境同向同行、同频共振，讲好中国故事，讲清中国道理，把

① 徐志萍:《"大思政课"的理论内涵、现实价值与实践路径》,《中学政治教学参考》2023年第32期。

② 肖珍、靳玉军:《新时代"大思政课"的核心要义、实践要求与价值意蕴》,《学校党建与思想教育》2022年第9期。

③ 邹华:《"大思政课"建构:价值意蕴·基本原则·创新路径》,《吉首大学学报》(社会科学版)2023年第6期。

④ 张晨阳:《精准把握大思政课建设的利、理、力》,《教育理论与实践》2024年第12期。

⑤ 陈诚:《"大思政课"高质量发展的逻辑向度与实践路径》,《思想政治课教学》2024年第8期。

⑥ 石书臣:《深刻把握"大思政课"的本质要义》,《马克思主义理论学科研究》2022年第7期。

道理讲深、讲透、讲活，巩固马克思主义在意识形态领域的指导地位。第三是为党育人、为国育才的人才培养目标。"大思政课"是对青少年培根铸魂的时代大课，目标是在"教、学、思、用、研"的互动转化中拓展学校传统思政课堂，通过思政课的守正创新，培育时代新人的使命感和责任感，增进政治、理论与情感认同，夯实理想信念，厚植家国情怀，成为与新质生产力发展要求相适应，可堪大用、能担重任的高素质人才，确保党的事业和社会主义现代化强国建设后继有人。

二是"大思政课"原则标准。任何事物发展变革都需要遵循一定尺度，"大思政课"也不例外。原则是"大思政课"改革行事的法则与尺度，作用在于规范宏观决策和指导微观行为，确保"大思政课"变革行为目标、要素、结构、成效的一致性和合理性。对于建设"大思政课"的原则，学者从不同维度讨论。首先是"大思政课"建设内容维度。刘明生、张天学（2022）[①] 主张坚持用习近平新时代中国特色社会主义思想教育人、用党的理想信念凝聚人、用社会主义核心价值观培育人、用中华民族伟大复兴历史使命激励人。其次是"大思政课"建设规范维度。牛小侠等（2024）主张坚持实践性原则，确保马克思主义理论品格；坚持开放性原则，做到开门办思政课；坚持目标性原则，着眼立德树人、培根铸魂。蒲清平、黄媛媛（2023）[②] 提出坚持整体性原则，推进系统整合；坚持协同性原则，推进要素耦合；坚持适应性原则，推进系统拟合。第三是"大思政课"把握关系维度。刘钊、邓靖川（2024）[③] 提出以辩证

---

① 刘明生、张天学：《论新时代"大思政课"建构的基本原则与根本遵循》，《中国矿业大学学报》（社会科学版）2022 年第 2 期。

② 蒲清平、黄媛媛：《系统论视域下"大思政课"建设的理论意蕴与实践进路》，《思想理论教育导刊》2023 年第 3 期。

③ 刘钊、邓靖川：《以辩证思维推进新时代"大思政课"建设的实践路径》，《江苏高教》2024 年第 4 期。

思维把握"小"与"大"、"变"与"不变"、"知"与"行"的关系。邹华(2023)① 建议以系统思维坚持科学性与政治性相结合、知识传授与思想引领相结合、理论教学与社会实践相结合、继承优良传统与改进创新相结合。张微、杨威(2022)② 主张着眼大视野、把握时代性,立足大格局、增强统筹性,厚植大情怀,提升实效性。第四是"大思政课"建设目标维度。刘朝晖(2024)③ 认为坚持合规律、合需求、合发展相统一,与现实相结合方面,将对学生思想上的触动作为核心标准;课程建设方面,将对传统思想政治教育模式的超越作为关键指标;教学评价方面,要依照多元化标准构建评价体系。

二、"大思政课"路径与方法

对于"大思政课"建设在现实中如何推进,其机制、路径和方法共同构成完整的问题解决体系,它们在作用定位及具体应用上各有侧重、相互关联,共同推动目标的实现,因此,往往不能割裂地就某一层面提出建议。对此,近3年有一大批学者,如陈诚(2024)④,王衡(2024)⑤,

---

① 邹华:《"大思政课"建构:价值意蕴·基本原则·创新路径》,《吉首大学学报》(社会科学版)2023年第6期。

② 张微、杨威:《新时代构建高校"大思政"育人格局的价值意蕴与实践路径》,《思想政治教育研究》2022年第6期。

③ 刘朝晖:《作为方法的"大思政课":出场逻辑与内在规定》,《思想理论教育》2024年第10期。

④ 陈诚:《"大思政课"高质量发展的逻辑向度与实践路径》,《思想政治课教学》2024年第8期。

⑤ 王衡:《坚持系统观念:新时代思想政治理论课建设的方法论之维》,《中国高校社会科学》2024年第2期。

李文娟、刘玺哲（2024）①，张晨阳（2024）②，聂迎娉、傅安洲（2024）③，王震（2023）④，邓卫（2024）⑤，张建明（2023）⑥，李大健（2023）⑦，邹华（2023）⑧，雷洪峰、靳斯琪（2023）⑨，徐志萍（2023）⑩，李俊峰（2023）⑪，韩可（2022）⑫，向波涛（2023）⑬，彭庆红、徐丹丹（2023）⑭，雷蕾（2023）⑮，

① 李文娟、刘玺哲：《全社会参与"大思政课"建设的动力激发机制研究》，《思想政治教育研究》2024 年第 3 期。

② 张晨阳：《精准把握大思政课建设的利、理、力》，《教育理论与实践》2024 年第 12 期。

③ 聂迎娉、傅安洲：《"大思政课"运行的现实样态、价值旨归与路径优化》，《大学教育科学》2024 年第 3 期。

④ 王震：《"大思政课"视域下高校思政课改革的三个着力点》，《思想理论教育导刊》2023 年第 7 期。

⑤ 邓卫：《深化"大思政课"的理论认识与实践探索》，《中国高等教育》2024 年第 6 期。

⑥ 张建明：《"国之大者"视域下加强新时代思政课建设的实践进路》，《河南大学学报》（社会科学版）2023 年第 6 期。

⑦ 李大健：《以增强"三力"赋能高校"大思政课"建设》，《国家教育行政学院学报》2023 年第 8 期。

⑧ 邹华：《"大思政课"建构：价值意蕴·基本原则·创新路径》，《吉首大学学报》（社会科学版）2023 年第 6 期。

⑨ 雷洪峰、靳斯琪：《核心要义、育人理路、实践进路："大思政课"基本问题探析》，《思想教育研究》2023 年第 7 期。

⑩ 徐志萍：《"大思政课"的理论内涵、现实价值与实践路径》，《中学政治教学参考》2023 年第 32 期。

⑪ 李俊峰：《以历史主动精神构建高校"大思政课"育人体系》，《中国高等教育》2023 年第 9 期。

⑫ 韩可：《课程论视角下"大思政课"的实施维度与实践理路》，《思想理论教育》2022 年第 5 期。

⑬ 向波涛：《把握党的创新理论的世界观和方法论善用"大思政课"铸魂育人》，《中国高校社会科学》2023 年第 3 期。

⑭ 彭庆红、徐丹丹：《"大思政课"建设要破立并举》，《思想教育研究》2023 年第 8 期。

⑮ 雷蕾：《"大思政课"建设的三维导向》，《学校党建与思想教育》2023 年第 9 期。

杨阳（2023）[1]，沈壮海（2022）[2]，路丙辉（2022）[3]，王天民、郑丽丽
（2022）[4]，代玉启、李济沅（2022）[5]，张劲松、刘惠燕（2022）[6]，牛小侠、
王庆琦（2022）[7]，张微、杨威（2022）[8]，杨增崟、赵月（2022）[9]，朱献苏、
杨威（2022）[10]，韩锐、纪梦然、刘畅（2022）[11]等，从不同视角展开相应
探索。本研究综合其观点，从范畴上立足"大"、从本质上立足"课"、
从内容上立足"思政"、从目的上立足"善用"的不同维度进行梳理
总结。

一是成其"大"者。成其"大"者，开门办课是核心，要义在于
广泛参与、形成合力，最大限度地将全社会、各方面育人自觉调动起

---

① 杨阳：《一体化视角下的"大思政课"实践路径》，《思想政治课教学》2023 年
第 12 期。

② 沈壮海：《把准全面推进"大思政课"建设的关键点》，《人民教育》2022 年第
18 期。

③ 路丙辉：《中国式现代化进程中的"大思政课"建设》，《教育研究》2022 年第
12 期。

④ 王天民、郑丽丽：《全媒体时代"大思政课"建构的审视与优化》，《北京航空
航天大学学报》（社会科学版）2024 年第 1 期。

⑤ 代玉启、李济沅：《新时代高校"大思政课"建设理路创新研究——以社会运
行为主要视角》，《马克思主义与现实》2022 年第 6 期。

⑥ 张劲松、刘惠燕：《"大思政课"必须准确把握"事、时、势"》，《学校党建与
思想教育》2022 年第 20 期。

⑦ 牛小侠、王庆琦：《新时代高校构建"大思政课"育人新格局的内涵及路径探
析》，《思想理论教育导刊》2022 年第 11 期。

⑧ 张微、杨威：《新时代构建高校"大思政"育人格局的价值意蕴与实践路径》，
《思想政治教育研究》2022 年第 6 期。

⑨ 杨增崟、赵月：《善用"大思政课"：深刻内涵、时代价值与建设理路》，《学校
党建与思想教育》2022 年第 5 期。

⑩ 朱献苏、杨威：《新时代推进"大思政课"建设的实践理路探究》，《中国高等
教育》2022 年第 Z2 期。

⑪ 韩锐、纪梦然、刘畅：《构建新时代"大思政课"内外循环系统》，《中国高等
教育》2022 年第 11 期。

来,实现主体的"师资体系一体化"、过程的"大中小一体化"、形式的"学践研一体化"、环境资源的"家校社一体化",合力形成协同一体"大思政课"良好生态循环。为此,首先,打好育人共同体这个基础。在加强党的领导基础上发挥制度和体制优势,激发主体强劲动力,其中,全社会对于实现中华民族伟大复兴梦想的渴望与责任感是引领性动力,教育客体对思政课回应社会、结合实践的主观需求是倒逼全社会参与的转化性动力,政策制度及各级社会主体职责是促发性动力。其次,抓住思政课课堂教学主渠道这个关键点。纵向打造思政课全过程育人体系,横向构建以思政课堂为主、思政小课堂与社会大课堂、思政课与课程思政双循环相互促进的新格局,推进社会环境的课堂转化、社会资源的课程转化,探索实践教学基地和平台建设。第三,建立健全成其"大"者的体制机制。包括由政策号召机制和职责约束机制所构成的产生增强机制,激活"静默"动力和凝聚零散动力的激活凝聚机制,构筑起课堂、学校与社会三个圈层有机联动教育生态的调动协调机制,对"大思政课"应然状态与实然水平之间进行验证、评估与调节的检验反馈机制,以及奖惩有度、过程激励与结果激励相结合的激励机制。

二是实现"善用"。实现"善用",与实践结合是关键,强化现实关怀是重点,增强思想性、理论性和亲和力、针对性是根本。首先是观念的破立。从德育观、时空观、主体观、供给观、传播观和评价观上"破""立"结合,突破知性德育观,树立生活德育观,突破传统时空限制,建设崭新场景,突破单一主体构成,建立复合主体,突破传统供给模式,建立"中央厨房",突破传统传播渠道,建立综合平台,突破传统评价模式,建立新型标准。其次是范式的革新。视思政课为学科建设、课程建设、课堂建设相连接贯通的内外循环系统,充分发掘学校特色、地域特色、历史特色和时代特色，布局思政课全新课程群、培育思政课课堂新形态、形塑思政课教材新格局，"引社会入思政""引思政入社会""融思政于社会"，创新课堂实践涵育范式、社会实践涵育范式、校园实践涵育范式。第三是技术的应用。把握时代脉搏、用好数字赋能，在"大思政课"的教育内容、载体、主体、环境上凸显出"全程、全息、全员、全效"的崭新时代特征，以技术、载体、方法的创新应用凝聚价值共识、加快媒体融合、提升信息素养、拓展传播格局。

三是增强"思政味"。增强"思政味"，就是要讲透讲活"大道理"，达到思政课铸魂育人、立德树人、后继有人、济世安人的目的。首先是站稳正确政治立场。坚持人民至上，培养堪当民族复兴重任的时代新人；坚持胸怀天下，立足贯通古今中外的宏大视野格局；坚持自信自立，彰显中国特色社会主义制度优势；坚持守正创新，准确灌输马克思主义立场、观点、方法。其次是准确把握"事、时、势"。"因事而化、因时而进、因势而新"是"大思政课"的根本遵循和行动指南，也是做好思想政治工作的总纲领和总要求，"因事而化"要求以具体事件为契机实现对受教育者的感化、强化及内化，"因时而进"要求把握时代的脉搏并在内容和形式上不断创新，"因势而新"要求将社会变革新趋势和国家发展新形势有机融入思想政治工作中。第三是提升思政课理论深度、情感温度、实践力度。一方面，依托"关键课程"强化理论武装，依托"课程思政"延伸理论触角，依托"自主学习"提高理论自觉；另一方面，掌握好思政课和"大思政课"的关系，协调好思政小课堂和社会大课堂的关系，把握理论和实践的相互契合，强化历史与现实的交汇贯通，促进知识传授和价值引领的深度融合。

第五节　研究展望

本研究从解构主义出发，将量化分析和文本研究相结合，回眸十余年来"大思政课"学术论文成果，不仅在于对"大思政课"研究进程、结构、热点及内容观点上予以客观呈现，更有意义的是要根据当前研究态势判断研究薄弱地带与盲区、反思研究不足，展望未来"大思政课"研究新方向，不断开拓形成与时代发展需求相适应的"大思政课"研究新样态。

一、夯实基础理论、优化理论框架

基础理论研究是学科知识体系建构的基础，作为向应用性研究解决具体问题提供理论指导和支持的研究，是任何研究领域深入发展的前提。"大思政课"基础理论研究是对包括"大思政课"基本问题在内，涉及"大思政课"属性特征、支撑理论、要素结构、出场逻辑、存在形态、发展哲学等问题的廓清与澄明。以往论文除部分侧重"大思政课"内涵、外延界定之外，所涉"大思政课"基础理论研究甚少，相关成果有待进一步培育。首先是"大思政课"内涵界定。鉴于以往多从"大"的维度界定"大思政课"，未来应更多着眼于"善用"和"思政"的维度对"大思政课"进行定义和阐释，尤其是对非"课"和非"思政"的边界加以明确。其次是"大思政课"支撑理论研究。从马克思主义理论、新闻传播、社会治理、教育、历史等与思政有交叉的学科领域悟原理、找方法，为"大思政课"高质量发展提供本学科及跨学科的理论养分和方法论指引。第三是"大思政课"本质属性研究。不仅研究其意识形态属性、教育属性、实践属性，还要从文化属性、人本属性、社会治理属性、信息传播属性进行研究。第四是"大思政课"矛盾与规律探索。用辩证唯物主义的矛盾论和发展观对"大思政课"建设的主要矛盾与发展规律探索，在发现和解决"大思政课"目标与现实、主体与客体、要素与环境以及理论话语、政治话语向教学话语、学术话语、生活话语转换等矛盾中把握"大思政课"的发展规律。

二、聚焦现实问题、扫除研究盲区

研究盲区是以前研究视野尚未到达、研究触觉尚未感知之处，"大思政课"研究领域尚有重要的现实问题所受关注较低，这些研究薄弱板块甚至研究盲区有待破除。首先是"大思政"师资建设研究。对"大思政课"教师的关注不能仅限于思政课教师，还应对包括课程思政教师在内的"大思政课"整个师资体系，进行开发、培育、运用、管理及考核、回馈的系统规划与设计，尤其着重于如何在校内外发掘和培育"大先生"的探索。其次是"大思政课"层次、类型衔接研究。以往研究重视"思政小课堂"与"社会大课堂""网络云课堂"横向贯通和基础教育内部中、小学"大思政"纵向承接，然而，我国教育是一个纵向贯通、横向融通体系，在未来，"大思政课"高校、职校与中、小学衔接，以及高校、职校之间的衔接应受到更多关注和研究。第三是"大思政课"质量评价反馈研究。评价是行动的指挥棒，"'大思政课'需要'大评价观'"[①]，只有对"大思政课"的评价体系、机制进行科学建构，突破并超越传统"思政课"评价观，才能使学校思政课实现真正的创新转变。

---

① 张彦：《"大思政课"需要"大评价观"》，《思想政治教育研究》2022 年第 2 期。

"大思政课"秉持什么样的质量观，以及相应评价目标、指标、主体、流程、方法、过程及结果反馈上实现什么和如何实现突破创新，是思政学者亟待思考的问题。第四是"大思政课"激励与保障机制研究。激励与保障是将"大思政"理想目标转化为具体事实的桥梁，是以党政领导部门、学校、校内外"大思政课"具体参与者等各层次主体的动力为因变量，以权力、责任、义务、报酬为自变量，研究如何打破现有校内外空间壁垒、校内行政结构壁垒、学科壁垒、教师壁垒及师生壁垒，构建系统科学的引导、激励、约束、奖惩的体系和制度、办法，使各类主体对"大思政课"为之承诺并努力行动最大化。第五是"大思政课"国际比较研究。国外一些国家将思政教育渗透在通识教育、生活教育、职业教育、宗教教育以及文化艺术传播中，这种以隐性、泛在的形式实现思政教育的匿名化，与"大思政课"在"生活中讲"，要"因事而化、因时而进、因势而新"等本质要求具有内在契合性，其对"大思政课"建设具有借鉴启发意义的既成模式、固有特色及具体做法有待进一步研究。第六是"大思政课"政策应用性与适配性研究。政策是党和政府在某一领域实现特定目标的行动指导方案，近几年学校思政课建设系列相关政策则是党的"大思政课"思想的具体化和操作化，当前这些政策执行程度如何以及如何评价，行之有效的政策工具有哪些，政策是否尽然科学合理，能否对现实环境条件具备较强适配性，是一个值得探索的新领域。

三、创新研究方法、破解范式单一

以往"大思政课"在范式研究上以质性研究为主，行动研究相对较少，量化及综合研究则极少。这种范式之下，研究者按自身理解赋予"大思政课"现象及问题以意义并加以阐释、演绎，因此也是主观—建构主义的范式。然而，学术研究不能局限于理论上的演绎与归纳，还应站在"大思政课"供给侧，积极开展量化、行动，甚至综合研究，以客观—现实主义范式，在实践上大胆探索创新并小心求证发展规律。首先是创新路径设计，巧用实证范式。理论不仅要回应实践，还要扎根实践。在开展"大思政课"质性研究的同时，研究者也要根植社会主义现代化强国建设和伟大民族复兴实践，在研究内容和对象上从宏观转向微观，在研究方法上从质性研究转向行为主义导向的实证研究，研究采用"理论—实证—经验—理论"的研究路径，在思想政治教育学科理论研究的框架内，回应"大思政课"如何有效实现人才培根铸魂的重大实践问题，对系列具象的现实问题展开实证研究，总结经验得失，并将经验抽象升华为理论。其次是创新调查研究，客观评估现状。社会现实是一种独立于人的意识和认知的客观存在，在此意义上，研究者可积极运用数智化技术，将定量研究和定性研究相结合，用程序化的量化评估方法，把握社会、学校、学生、教师对"大思政课"建设发展的真需求，检测"大思政课"推进的真成效，在揭示隐藏在数据和表象之后"大思政课"体系内在因果关系及运行机制之上探索真办法。第三是创新实验研究，总结经典案例。实验研究也是实证范式的一种具体存在，"实验思想政治教育是重构的、科学的、问题聚焦式的思想政治教育"①。一般而论，"大思政课"研究者同时也是"大思政课"建设参与者，其所处特定时空环境、所据站位和所担角色，以及所承担工作任务均各不相同，这些情况恰好是开展

---

① 代玉启、罗琳：《实验思政：思想政治教育调查研究的新形态》，《西北工业大学学报》（社会科学版）2023年第3期。

实验研究的良好条件。研究者可客观评估这些现实条件，采用不设参照、只设实验，或实验和参照两组对比的方式，遵循"假设—干预—验证"的实验规程对"大思政课"建设中的具体问题予以解决并进行实验结果释义。

第二章 "大思政课"科学意涵的多维探讨

"大思政课"是思政课创新发展的新理念、新模式和新趋势，具有丰富的科学意涵，以"大"为核心特质和外在表征，体现全要素理念和系统思维。"大思政课"之"大"主要体现在理念、课堂、队伍、教材、方法和评价等维度，其目标和育人理念更清晰科学，课堂横向贯通、纵向衔接，队伍来源更广、结构更优、质量更高，教材内容更丰、视野更阔，方法更多元和创新，评价的目标、主体、指标及具体方法更为系统完善。多重维度的彼此关联、相辅相成，致力于破解认识局限、时空局限、人员局限、内容局限、教法局限和评价局限等制约因素，为思想政治教育不断增强针对性、提高有效性而凝聚合力和拓展格局。

2021 年 3 月，习近平总书记在看望参加全国政协十三届四次会议的医药卫生界、教育界委员并参加联组会时明确提出，"大思政课"我们要善用之 [①]。这一重要论述为深化思政课改革创新、提升思想政治教育实效提供了重要思想指南和实践遵循。目前学术界对"大思政课"的

---

① 《"'大思政课'我们要善用之"（微镜头·习近平总书记两会"下团组"·两会现场观察)》，《人民日报》2021 年 3 月 7 日。

价值意蕴和善用策略等相关领域已展开研究，但对其科学意涵的探讨仍有待深入。回归"元问题"，从多个维度明晰其何以为"大"，在此基础上进一步理解"大思政课"为何善用、如何善用，对"大思政课"科学意涵进行整体把握，是"大思政课"的基础问题研究。我们尝试从多元维度探寻"大思政课"之"大"的本质意蕴、具体要求和科学指向，以期为从理论上拓展"大思政课"的研究视域和在实践中探索其建设路径提供一定的借鉴。

第一节 "大思政课"科学意涵的理念之维

"大思政课"之"大"首先体现在理念之大，回答为何要讲"大思政课"的问题。习近平总书记强调，"办好思想政治理论课，最根本的是要全面贯彻党的教育方针，解决好培养什么人、怎样培养人、为谁培养人这个根本问题"[1]。这一新的理念直指"大思政课"的价值旨归，可以理解为其具有更清晰的目标理念和更科学的育人理念，"大思政课"是以宏阔的胸怀和视野对人才培养根本问题的科学解答。

一、更清晰的目标理念

"大思政课"理念以"为党育人、为国育才"为战略目标，以破除思维依赖为发展方向，以"四个服务"为育人导向，以立德树人的价值"最大化"实现为根本任务，突出强调战略性、深刻性和边界性。

---

① 《习近平谈治国理政》第三卷，外文出版社 2020 年版，第 328 页。

一是展现战略性。"大思政课"的现实考量和价值追求凸显大局思维和战略高度。目前总体形势是,"思政课在党中央治国理政战略全局中的地位凸显,发展环境和整体生态发生根本性转变"[①]。在此良好形势下,为何要全面推进"大思政课"建设?从课程定位的角度来理解,"大思政课"更加重视思政育人,思政课不止于传授理论知识,更是进行价值引领的"人生大课",更加凸显其育人本质以及"立德"之于"树人"的重要价值。一方面,"思政课是落实立德树人根本任务的关键课程"[②],这一重要论述明确指出"大思政课"的定位。"大思政课"理念致力于做到立德与树人、育人与育才相辅相成、同向同行,对立德树人的要义进行科学深入的时代表达,是对"培养什么人"这一首要问题的回应。另一方面,关于"为谁培养人","大思政课"理念从政治维度和战略高度进一步明晰。"大思政课"建设关乎"党之大计"、聚焦"国之大者",以为党育人、为国育才为出发点和落脚点,致力于增强学生担当民族复兴历史使命的意识和能力,更加强调"用党的创新理论铸魂育人",最为凸显的是确保党的伟大事业后继有人。

二是凸显深刻性。习近平总书记强调,思想政治理论课能否在立德树人中发挥应有作用,关键看重视不重视、适应不适应、做得好不好。[③]传统思政课更加注重课堂教学,"一支粉笔写春秋,三尺讲台育桃李"。"大思政课"理念破除对传统思政课的惯性思维和路径依赖,体现出关于"怎样培养人"、如何打造立德树人新形态的理念创

① 金正波:《〈全面推进"大思政课"建设的工作方案〉印发——建设大课堂,搭建大平台》,《人民日报》2022年8月26日。
② 习近平:《思政课是落实立德树人根本任务的关键课程》,《求是》2020年第17期。
③ 《习近平在中国人民大学考察时强调 坚持党的领导传承红色基因扎根中国大地 走出一条建设中国特色世界一流大学新路》,《人民日报》2022年4月26日。

新，凸显辩证扬弃、自我革新的理论品格。从创新方向看，"大思政课"贯彻"开门办思政课"思想，坚持"因事而化、因时而进、因势而新"[①]，在继承传统思政课育人优势的基础上守正创新，突出问题导向和实践导向，提升思想政治工作的时代性与实践性。从教育过程看，"大思政课"优化立德树人的育人机制，如思政课的社会衔接机制、资源筛选机制、主体建构机制等，充分调动全社会资源和力量，体现对生活的回归和知信行相统一，以实践力度最大化实现立德树人效用最大化。

三是具有边界性。"大思政课"的目标理念"大"而不"泛"，聚焦并指向于"四个服务"。习近平总书记以"四个服务"指明了高等教育发展的方向、目的和原则，即要"为人民服务，为中国共产党治国理政服务，为巩固和发展中国特色社会主义制度服务，为改革开放和社会主义现代化建设服务"[②]。政治性是思政课的本质属性，"大思政课"并非一般意义上的价值塑造，还具有政治引领功能。"讲政治，包括政治方向、政治立场、政治观点、政治纪律、政治鉴别力和政治敏锐性"[③]，其首要原则就是"听党话、跟党走"，"培养一代又一代拥护中国共产党领导和我国社会主义制度、立志为中国特色社会主义事业奋斗终身的有用人才"[④]，这也是"大思政课"育人的根本任务。"大思政课"应定格和定位于此，聚焦于"四个服务"，而不能主次不清、要义不明。

---

① 《习近平谈治国理政》第二卷，外文出版社 2017 年版，第 378 页。

② 《习近平谈治国理政》第二卷，外文出版社 2017 年版，第 377 页。

③ 《十四大以来重要文献选编》中，人民出版社 1997 年版，第 1711 页。

④ 习近平：《思政课是落实立德树人根本任务的关键课程》，人民出版社 2020 年版，第 5—6 页。

二、更科学的育人理念

"大思政课"要创新运用科学方法讲活讲透党的科学理论和伟大实践，办好"大思政课"不仅是一个教学问题，更是一个教育问题，体现出追求内涵式、遵循规律性和拓展"大格局"等理念诉求。

一是追求内涵式。深化新时代思政课改革创新要"坚持问题导向和目标导向相结合，推动思政课建设内涵式发展"[①]。这一重要论述为"大思政课"内涵式发展提供了方向指引。从问题导向来看，部分地区、学校对思政课建设的重视程度、教学资源的整合力度、教师队伍的数量与质量以及实践教学和课程思政建设等方面仍有不足之处。"大思政课"坚持问题导向，关注和致力于破解思政课现存问题，是对思政课建设和思想政治教育工作的科学优化。从目标导向来看，"大思政课"不仅是对思政课外延的拓展，更是对其内涵的充盈。通过对师资、教材、教法、资源、评价等内部要素及内在结构的系统优化，为思政课改革创新提供新动能，"不断增强思政课的思想性、理论性和亲和力、针对性"[②]，重在提升思政课质量，从而更好地实现立德树人目标。

二是遵循规律性。"大思政课"的育人理念讲求教育之"道"，以"三大规律""八个相统一"等科学规律为基本遵循。首先，"大思政课"体现对思政课"三大规律"的深刻认识以及遵循并深入践行规律的内在诉求。"三大规律"即"遵循思想政治工作规律，遵循教书育人规律，遵

[①] 习近平：《思政课是落实立德树人根本任务的关键课程》，人民出版社 2020 年版，第 27 页。

[②] 习近平：《思政课是落实立德树人根本任务的关键课程》，人民出版社 2020 年版，第 17 页。

循学生成长规律"①,为"大思政课"改革创新提供基本依据,"大思政课"要以思想政治工作规律为先导、以教书育人规律为基础、以学生成长规律为依据,着眼铸什么样的魂、用什么样的法、成什么样的才等问题,加强思政课主体、内容、路径和方法创新。其次,"八个相统一"即"政治性和学理性相统一、价值性和知识性相统一、建设性和批判性相统一、理论性和实践性相统一、统一性和多样性相统一、主导性和主体性相统一、灌输性和启发性相统一、显性教育和隐性教育相统一",是对思政课发展经验和原则规范的系统总结。"大思政课"以"八个相统一"为行动指南,在顶层设计、教学过程、效果评价等多方面精心进行系统设计,通过有的放矢、精准施策为办好思政课提质赋能。

三是拓展"大格局"。"大思政课"是体现思政课建设发展格局新认知的一项系统工程,在锚定"铸魂育人"目标基础上以"三全育人""十育人"等进行全新布局。习近平总书记强调,"要坚持把立德树人作为中心环节,把思想政治工作贯穿教育教学全过程,实现全程育人、全方位育人"②,还要"把思政小课堂同社会大课堂结合起来,教育引导学生立鸿鹄志,做奋斗者"③。首先,针对传统思政教育教学中存在的育人队伍不完善、过程不连贯和方位不全面等问题,"大思政课"坚持和完善全员、全过程、全方位协同的"三全育人"格局,致力于实现育人主体、时间、空间的"无缝隙"格局。其次,"大思政课"坚持思想政治教育整体观,遵循系统、协同的育人理念。在由教书育人、管理育人和服务育人所构成的育人体系的前提下,逐渐拓展并"形成教书育人、科研育人、实践育人、管理育人、服务育人、文化育人、组织育人长效

---

① 《习近平谈治国理政》第二卷,外文出版社 2017 年版,第 378 页。
② 《习近平谈治国理政》第二卷,外文出版社 2017 年版,第 376 页。
③ 《习近平谈治国理政》第三卷,外文出版社 2020 年版,第 331 页。

机制"①。第三,在此基础上,《高校思想政治工作质量提升工程实施纲要》指出,要"充分发挥课程、科研、实践、文化、网络、心理、管理、服务、资助、组织等方面工作的育人功能"②。从"三全育人"到"七育人"再到"十育人","大思政课"在继承既有优势的基础上改革创新,科学回应并破除"供给侧"和"需求侧"存在的瓶颈性问题,为思想政治工作提出新要求、拓展新思路,多维同向发力推动思政课高质量发展。

第二节 "大思政课"科学意涵的课堂之维

从时空维度来看,"大思政课"之"大"体现在课堂之大,回答"大思政课"在哪里讲的问题。课堂是课程从设计走向现实的平台,也是"大思政课"的教学场域。"大思政课"相对于传统思政课而言,在空间上打破壁垒,在时间上打通学段,突破单一课堂的有限性,横向贯通和纵向衔接,从横纵两个向度延展"场域"和"时间",构筑起多维立体的时空大课堂,使思政课做好"从校门到校门"的衔接,实现"从家门到校门"的突破,体现出"三全育人"的鲜明特征。

一、横向贯通

横向贯通即体现在"大思政课"在空间维度上坚持立体思维,推进

① 《十八大以来重要文献选编》下,中央文献出版社 2018 年版,第 480 页。
② 《中共教育部党组关于印发〈高校思想政治工作质量提升工程实施纲要〉的通知》,2017 年 12 月 5 日,见 http://www.moe.gov.cn/srcsite/A12/s7060/201712/t20171206_320698.html。

学校小课堂、社会大课堂和网络云课堂同向同行,"引进来"与"走出去"统一结合,突破固定场域的局限,打造覆盖教室场域、校内场域、社会场域和网络场域的思政"全课堂",教育场域的延展和课堂形态的丰富,展现出"大思政课"理论性与实践性、学术性与社会性、灌输性和启发性等相统一的特性和"全方位育人"的目标指向。

一是深化思政小课堂。思政小课堂是"大思政课"的基础课堂。"大思政课"对思政小课堂的运用主要体现为重视课堂教学在理论教育方面的重要作用,强调统筹推进"思政课程+课程思政",发挥好所有课堂的立德树人功能。一方面要利用思想政治理论课这一"主渠道"。思想政治理论课是立德树人的关键课程和核心课程,是"大思政课"结构形态中的基础形态,具有学理性、知识性和理论性等鲜明属性。思想政治理论课侧重以理服人、以理育人,通过科学、系统的理论讲解,以显性的教育教学形式实现价值引领功能,发挥着不可替代的作用。另一方面要推进课程思政建设。"大思政课"在改进加强思政课程,发挥其"关键"作用的同时,也遵循"其他各门课都要守好一段渠、种好责任田,使各类课程与思想政治理论课同向同行"[1]的原则,注重发挥其他课程的重要育人功能,以打破思政课的"孤岛效应",扩展思想政治教育的覆盖面。课程思政不是在思政课之外增设一门课,而是旨在发挥专业课、综合素养课知识传授、能力培养功能的同时充分融入或挖掘思政元素,发挥其价值塑造作用,做到育才与育人、价值性与知识性并举,推动思想政治教育从主渠道育人向立体化育人拓展。在"大思政课"落实立德树人根本任务的视域下,思政课是关键课程,发挥着主导作用;其他课程则是重要抓手,发挥着协同作用,二者逻辑互构、相辅相成。

---

① 《习近平谈治国理政》第二卷,外文出版社 2017 年版,第 378 页。

二是善用社会大课堂。社会大课堂是"大思政课"的拓展课堂,提倡"走出去",即引领学生走出传统课堂,上好实践大课。习近平总书记指出,"要高度重视思政课的实践性,把思政小课堂同社会大课堂结合起来"①,"思政课不仅应该在课堂上讲,也应该在社会生活中来讲"②,这些重要论述进一步明确了"大思政课"的场域问题。"大思政课"不是封闭的,而是开放的,体现出对"大实践观"的坚持和对实践教学的发展。首先是对课堂空间的拓展。"大思政课"从物理空间延伸至社会空间,原本外在于思政课的社会生活转变为教学空间。田间地头、伟人故居、博物馆、党史馆、企事业单位等场所都具有显性或隐性的教育资源、教育优势,可以作为思想政治教育的实践教学基地。其次是对课程形态的丰富。"大思政课"强化了思想政治教育过程的社会化和生活化,无论是参观主题场馆、进行社会调研还是参与志愿服务等,都是"大思政课"实践形态的丰富呈现。社会大课堂体现出对实践育人的重视,增强了思想政治教育的现实性、感染力和生命力,是以实践教学对思政小课堂理论教学进行有益延伸和补充,而不是对其冲击、否定或与其对立、脱离,目的在于更全面地提升教学质量和育人实效。"大思政课"突破了学校场域,将思政课的课堂拓展至社会场域,在发挥小课堂、"主渠道"优势的同时,也体现出对大课堂、"大天地"的关注和运用。

三是打造网络云课堂。网络云课堂是"大思政课"的虚拟课堂,重在线上延伸,上好云端大课。"大思政课"注重线上线下联动,在进行课堂教学、实践教学的同时也注重运用网络教学,以"微思政课"充实

---

① 习近平:《思政课是落实立德树人根本任务的关键课程》,人民出版社 2020 年版,第 20 页。

② 《推动思政课建设展现新气象新作为》,《人民日报》2024 年 11 月 8 日。

"大思政课"的课堂形态，致力于融合小环境、大环境和云环境，打造虚实结合、立体化、全覆盖的课堂空间。从空间维度看，网络云课堂使"大思政课"的教学场域从线下空间的实体课堂延展至网络空间的虚拟课堂；从时间维度看，网络云课堂更具弹性，能够有效利用零散时间、适应"碎片化"学习；从网络平台看，"学习强国"、微博、B站、抖音、微信、雨课堂、腾讯会议等都可作为"大思政课"的载体，体现出网络空间向教育场景的转化；从课堂内容看，网络平台的信息传播更为快速便捷，能及时传递时政和舆论焦点，以及最新的理论和政策，摆脱思政课教学的滞后性。

二、纵向衔接

"大思政课"不仅显示出空间形态的延展，还展现出时间形态的相接。习近平总书记指出："在大中小学循序渐进、螺旋上升地开设思想政治理论课非常必要，是培养一代又一代社会主义建设者和接班人的重要保障。"[①] 这一重要论述体现出"大思政课"纵向衔接的必要性和重要性。纵向衔接即体现在"大思政课"不是单一学段的思政课，而是坚持全程思维，"统筹大中小学思政课一体化建设"[②]，打造贯穿不同学段的循序渐进的全学段思政课，凸显出接续性、层次性的特征以及"全过程育人"的目标指向。

"大思政课"在纵向维度上科学把握了思想政治教育全程贯通与学段差异的辩证关系，其纵向衔接主要体现在以下三个方面。一是教学目

---

① 《习近平谈治国理政》第三卷，外文出版社 2020 年版，第 329 页。

② 《中办国办印发〈意见〉 深化新时代学校思想政治理论课改革创新》，《人民日报》2019 年 8 月 15 日。

标的承接。不同阶段的思政课课程目标既有统一性、整体性，即指向立德树人、铸魂育人；又有层次性、针对性，即从小学阶段—初中阶段—高中阶段—大学阶段，各阶段的教学目标各有侧重，分别重在启蒙道德情感—打牢思想基础—提升政治素养—增强使命担当[1]。二是课程设置的续接。不同学段思政课课程设置有所不同，思想政治教育的课程目标要求在"小学及初中阶段'道德与法治'、高中阶段'思想政治'、大学阶段'思想政治理论课'中落实"[2]。三是教学内容的衔接。在将习近平新时代中国特色社会主义思想贯穿其中的同时，依据学生认知水平、能力的差异，思政课的教学内容由易到难、由浅入深，既注重避免各学段的内容重复，又致力于防止不同学段之间教学内容割裂或缺失。

第三节 "大思政课"科学意涵的队伍之维

办好思政课，关键在教师。从主体维度来看，"大思政课"之"大"体现在队伍之大，回答"大思政课"谁来讲、谁来"善用之"的问题。"大思政课"对教师队伍数量的壮大、结构的优化和质量的提高等方面都提出了新要求并作出了新回应，致力于"配齐建强思政课专职教师队伍，建设专职为主、专兼结合、数量充足、素质优良的思政课教师队伍"[3]，凸显出"全员育人"的目标指向。

---

[1] 《中办国办印发〈意见〉 深化新时代学校思想政治理论课改革创新》，《人民日报》2019年8月15日。

[2] 《中央宣传部 教育部关于印发〈新时代学校思想政治理论课改革创新实施方案〉的通知》，《中华人民共和国国务院公报》2021年第9号。

[3] 《习近平谈治国理政》第三卷，外文出版社2020年版，第329页。

一、来源之广

来源及规模的扩大是"大思政课"师资队伍之大的基础。从数量上来看,"大思政课"不仅在师资存量上下功夫,也在师资增量上下功夫;既有"主力军"发挥着关键作用,也有"生力军"和"后备军"提供有益补充。据《人民日报》报道,学校思想政治理论课教师座谈会召开5年来,全国高校思政课教师增至14.5万人,专职教师已经超过11万人。[①] 根据教育部相关数据统计,在2020年底突破10万人的基础上,"截至2021年年底,高校思政课专兼职教师超12.7万人,较2012年增加7.4万人,比2018年增加5万多人,队伍配备总体达到师生比1:350的要求"[②],"其中专职教师超过9.1万人"[③]。从来源上看,当前思政课教师队伍已形成"引育聘并举"建设机制,提供三大来源。一是"引",通过加强全国马克思主义学院和学科建设、适量扩增相关专业本硕博招生指标、制定专项支持计划等举措,马克思主义理论相关专业的本硕博人才成为"大思政课"的"后备军",从源头上保证"大思政课"建设后继有人。二是"育",学校采取整合学科优势、思政工作力量等方式,将哲学社会科学相关学科教师、优秀辅导员和党政管理干部经培训和考核后转岗担任思政课教师。三是"聘",通过"实行思政课特聘教授、兼职教师制度"[④],积极聘请外校名师、地方党政领导干部、社科理论界

---

① 《不负重托办好学校思想政治理论课》,《人民日报》2024年3月18日。
② 樊未晨:《全国高校思政课专兼职教师超12.7万人》,《中国青年报》2022年3月18期。
③ 《全国各地各校守正创新办好思想政治理论课——擎信仰之炬 育时代新人》,《人民日报》2022年3月19日。
④ 《〈全面推进"大思政课"建设的工作方案〉印发——建设大课堂 搭建大平台》,《人民日报》2022年8月26日。

专家、各行业先进模范等走进思政课堂。

二、结构之优

"大思政课"的师资队伍建设不仅体现为数量上的扩充，也呈现出结构上的优化，高学历、年轻化、多元化已成为思政课教师队伍发展新状态。一是年龄结构上的年轻化倾向。根据 2021 年的统计数据，专职思政课教师中，49 岁以下的教师占比已经突破 77.7%[①]，且"高校马克思主义理论学科专业本硕博在校生达 6.2 万人"[②]。可见，"大思政课"的师资队伍涵盖老、中、青各年龄段，呈现出"橄榄型结构"并具有年轻化的倾向。二是来源结构上的多元化趋势。"大思政课"通过调动校内外多元师资同向发力，打造协同育人机制和全员育人格局。从思政课育人主体来看，专职思政课教师是"大思政课"立德树人的主导性主体，发挥着最直接、最关键的作用，但在校内，"大思政课"师资队伍不囿于传统的思想政治理论课教师，而是既有专职思政课教师，也有兼职思政课教师；既有教学型思政课教师，也有研究型、管理型、辅导型、服务型育人主体，通过教辅联动、教研联动等模式构筑育人合力。从课程思政育人主体来看，已建立思政课程与专业课程的协同育人机制，形成"各门课程都有育人功能，所有教师都有育人职责"的工作思路，专业课的课程思政与思政课程互为支撑，形成优势互补和价值互补。此外，"大思政课"注重强化专兼职教师之外其他教职工的育人意识和能

[①] 樊未晨：《全国高校思政课专兼职教师超 12.7 万人》，《中国青年报》2022 年 3 月 18 日。

[②] 樊未晨：《全国高校思政课专兼职教师超 12.7 万人》，《中国青年报》2022 年 3 月 18 日。

力，使其立足于本职岗位，深度挖掘本职工作的特色与长处，提炼思政要素及育人方法，担负价值引导职责，成为"大思政课"的协同性主体。从校外育人主体来看，"大思政课"有序吸纳具有育人效应的各方力量，进一步扩充育人主体，激活协同育人势能。

三、质量之高

"大思政课"的师资队伍在配齐建全的前提下致力于配优建强，以"高准入""高要求""攀高峰"等举措在多元师资的基础上打造优质师资。首先是"高准入"。"大思政课"的"高准入"主要体现在思政课教师准入标准的提高和完善，严把"政治观""师德关"和"学识关"。学校思政课教师准入标准不仅在政治立场、思想品德方面具有较为明确的规定，对于学科和学历也提出较高要求。一方面，要求学科专业背景与思想政治工作密切相关；另一方面，中小学思政课教师一般要求本科以上学历，高校要求研究生以上学历，高校专职思政课教师中拥有博士学位的人数也在不断增加。其次是"高要求"。习近平总书记在向全国教师提出"四有"好老师标准的基础上，对思政课教师从政治站位、育人情怀、思维理念、视野广度、自身修养和道德品格等方面提出了"六个要"的更高要求。对照"四有""六个要"等标准，"大思政课"呼唤思政"大先生"，对思政课教师的综合素质从多方位、多领域提出更高要求，思政课教师不仅要当好"经师"，更要成为"人师"，为办好"大思政课"发挥积极性、主动性和创造性，当好学生为学的示范、为事的典范、为人的模范。"大思政课"视域下的思政"大先生"之"大"，主要体现在以下几个方面。一是要有大胸怀。"大思政课"对思政课教师的首要要求是政治站位要高，胸怀"国之大者"，保持政治清醒和信仰坚定。二是要有大情怀。"大思政课"教师坚持以情怀打动教育对象,其育人情怀不仅体现在浓厚的家国情怀,也体现在真诚的传道情怀和仁爱情怀。三是要有大视野。"大思政课"教师不仅要有广泛的知识视野,也要有宽阔的国际视野和深邃的历史视野。四是要有大德行。"大思政课"教师要秉持身正为范的理念,坚持明大德、守公德、严私德,以自身的严格要求和人格魅力引领学生涵养德行。五是要有大本领。"大思政课"教师要不断提升自身理论素养、思维方式和教学能力,做好知识、思想和真理的传播者,适应"大思政课"讲深、讲透、讲活道理的要求。最后是"攀高峰"。在"大思政课"师资队伍整体素质提升的同时,也涌现出一批又一批师者典范。"大思政课"建设既重视通过培养培训夯实教师队伍的"高原",也注重通过示范引领打造教师队伍的"高峰"。近年来,思想政治教育领域已连续开展多种类型的评选表彰活动,如"全国高校思政课年度影响力标兵人物""课程思政优秀教师"等。通过强化宣传感召、完善荣誉制度、加大奖励力度等举措,引导广大教师学习先进、成为先进,争当思政"大先生"。

第四节 "大思政课"科学意涵的教材之维

从内容维度来看,"大思政课"之"大"体现在教材之大,回答"大思政课"讲什么的问题。教材是"教学过程中教师用来协助学生学习达到教学目标的各种知识信息材料"[①],是教学的基本遵循和师生之间的连

---

① 曾天山:《教材论》,江西教育出版社 1997 年版,第 8 页。

接介质。教材承载着教学内容，包括但不限于以教科书为代表的课程资源，应既具有科学性、规范性，又具有系统性、发展性；既具有民族性，又具有时代性。以此为依据，教材之大是指"大思政课"相对于传统思政课而言，进一步突破教学内容局限，善用"大"的资源、汇聚"大"的合力，横向展现教学内容之丰，纵向彰显资源之多，构建更为系统和立体的"大教材"体系，通过用广、用深、用透、用活教学素材为善用"大思政课"提供重要依托和有效供给。

一、内容之丰

从横向维度来看，"大思政课"的教材之大体现在坚持"有字"资源与"无字"资源兼备、国内素材与国外素材并用，拓展教学内容的来源。

一是"有字"资源与"无字"资源兼备。"大思政课"的教材体现出文本教材与非文本教材相结合。一方面，"大思政课"强调讲好"有字之书"。"大思政课"依据统编教材保证教学内容的权威性、规范性，坚持以马克思主义及其中国化创新理论成果为基本教学内容，充分利用教科书、权威图书资料及相关重要论述摘编等"有字"资源，"以透彻的学理分析回应学生，以彻底的思想理论说服学生，用真理的强大力量引导学生"[①]，保证思政课教学的政治性、思想性和理论性，在以理育人、以智启人中上好理论大课。另一方面，"大思政课"注重用好"无字之书"。习近平总书记强调，善用"大思政课"要结合现实，

---

① 习近平：《思政课是落实立德树人根本任务的关键课程》，人民出版社2020年版，第18页。

上思政课不能拿着文件宣读,没有生命、干巴巴的。[①]"大思政课"立足于但不拘泥于文本教材,突破文本教材在容量和时效等方面的局限性,充分挖掘和整合生活化、接地气的"活教材"以及视听教材,通过对"无字"资源的多维开发和使用,以适应学生特点和教学需要。"大思政课"通过将抗击疫情、脱贫攻坚、乡村振兴、榜样事迹等生动的案例资源融入思政课教学,在以"案"释"理"的过程中讲清案例背后蕴含的价值理念,弥补单纯的理论讲解的缺陷;通过纳入专题宣传片和纪录片以及主旋律电影、电视剧、短视频、歌曲等视听资源,在妥善处理观点与材料的深度与广度中提升思政课教学的吸引力和感染力。

二是国内素材与国际素材并用。"大思政课"胸怀两个大局、坚持"大世界观",教学素材既有中国特色又有国际色彩。一方面,"大思政课"立足国内,讲好中国故事。从国内来看,马克思主义中国化时代化的最新理论成果和现阶段经济、政治、文化、社会、生态等方面的政策方针、制度规范、所获成果以及存在的问题等为"大思政课"讲清中国现实国情和所处历史方位提供丰富教学素材。另一方面,"大思政课"放眼国际,讲好世界形势。"大思政课"通过对国际教学素材的融入,引领学生了解世界发展大势以及中华民族伟大复兴战略全局与世界百年未有之大变局的关系,在中外比较中引导学生更为全面客观地看待中国与世界,在平视世界中深化国家认同,培养全球视野与天下情怀。

---

① 《"'大思政课'我们要善用之"(微镜头·习近平总书记两会"下团组"·两会现场观察)》,《人民日报》2021年3月7日。

二、视野之阔

从纵向维度来看，"大思政课"的教材之大体现在回望历史、关注现实与着眼未来相统一，在讲好大历史、大时代与大前景中彰显深厚底蕴。

一是挖掘历史资源，增强教材的纵深感。"大思政课"坚持大历史观，注重挖掘历史长河中蕴藏的思政资源，以中华优秀传统文化、"四史"等资源为教材上好历史大课。"大思政课"在讲述历史人物、历史故事时坚持史论结合、以史育人，以故事的感染力增强理论的说服力，帮助受教育者从历史中认识发展规律、汲取精神力量，更为清晰地理解中国共产党为什么能、马克思主义为什么行、中国特色社会主义为什么好等"三个为什么"，引领其在学史中明理、增信、崇德、力行，在知史懂史中厚植爱国爱党情怀、筑牢信仰信念之基。

二是利用现实资源，增添教材的时代感。"鲜活的思政课素材，正是亿万中国人已经书写和正在书写的时代篇章。"①"大思政课"坚持大时代观和大社会观，注重利用时事资源，其教学内容涵盖更广、更快、更新。从对现实题材的利用来看，"大思政课"为讲好时代大课，坚持教学内容的动态发展和常讲常新，及时跟进学生关注的社会热点、重大庆典、重要时事、相关科技创新"卡脖子"问题等社会事件，注重从社会现实中找寻教学素材，还可将田间地头、街道社区、工厂车间、文教空间、纪念场馆等转化为思政课堂，通过鲜活的内容体系以积极回应学生关切，有针对性地进行释疑解惑，体现鲜明的问题导向和现实观照。概言之，对生动的现实资源的利用，提升了思政课教学的生命力和时效性。

---

① 《"'大思政课'我们要善用之"（微镜头·习近平总书记两会"下团组"·两会现场观察）》，《人民日报》2021 年 3 月 7 日。

三是展示远景规划，体现教材的前瞻性。"大思政课"既回顾历史、立足当下，又面向未来。本着立德树人、铸魂育人和为党育人、为国育才的责任使命，"大思政课"坚持前瞻视野，将党和国家的远景规划纳入教材体系之中。在对"十四五"规划和第二个百年奋斗目标等党和国家重大方针政策的讲解中讲清使命责任，引领受教育者了解国家的发展蓝图、战略举措，增强其担当民族复兴重任的使命意识和行动自觉。

第五节 "大思政课"科学意涵的方法之维

从课程变现维度来看，"大思政课"之"大"体现在方法之大，回答"大思政课"怎么讲的问题。"大思政课"不仅有"道"可循、有"学"可传，也有"术"可依。习近平总书记指出，思政课的本质是讲道理，要注重方式方法，把道理讲深、讲透、讲活。① 这一重要论述为"大思政课"优化方法提供了基本遵循。"大思政课"坚持方法与内容、形式与实质并举，兼顾"有意思"与"有意义"。"大思政课"方法之大是在明晰"为何讲道理""讲什么道理"的基础上对"如何讲好道理"的积极回应，体现出方法观、方法特质和具体方法等方面的改革创新。

一、"大思政课"的方法观

"大思政课"的方法观指的是以什么样的观点观念认知理解教学方

---

① 《习近平在中国人民大学考察时强调 坚持党的领导传承红色基因扎根中国大地 走出一条建设中国特色世界一流大学新路》，《人民日报》2022 年 4 月 26 日。

法，是对其定位、功能和价值意义的看法。这回答了"大思政课"的教学方法"是什么""为什么""改什么"等问题，是教学方法选择、运用与变革的前提基础。毛泽东曾指出："我们不但要提出任务，而且要解决完成任务的方法问题。……不解决方法问题，任务也只是瞎说一顿。"[1]在"大思政课"建设中，教学方法就是联系教育者、教育内容和教育对象，促进教学要素由静态结构转向动态运转、教材体系向教学体系有效转化的桥梁。"大思政课"理念下的教学，不为方法而方法，也不是任意选择或随意运用教学方法，而是力图避免工具主义和形式主义倾向，遵循目标性原则和战略性思维，服务于铸魂育人根本目标，致力于讲深、讲透、讲活道理，实现教学目标、完成教学任务和提升教学效果。

二、"大思政课"的方法特质

"大思政课"的教学方法坚持以学生为本，注重综合立体，体现出人文性和开放性等鲜明特质。

第一，最大的人文性在于以学生为本。习近平总书记强调，"思政课教学离不开教师的主导，同时要加大对学生的认知规律和接受特点的研究，发挥学生主体性作用"[2]。从横向维度来看，"大思政课"视域下，学生不再是被动的接受者，而是共建者、参与者和共享者。"大思政课"的教学方法不是以"教"统摄"学"、以"学"适应"教"，而是"教法"与"学法"并重，秉持以学生为本的价值取向，坚持双向互动而非单向灌输、内在激励而非外在控制、主动参与而非被动接受，以满足学生多

① 《毛泽东选集》第一卷，人民出版社 1991 年版，第 139 页。
② 《习近平谈治国理政》第三卷，外文出版社 2020 年版，第 331 页。

样化需求为起点、以发挥学生主体作用为指向、以促进学生全面发展为目标,体现出教学理念的科学和教育过程的"温度"。从纵向维度来看,"大思政课"注重不同学段教学方法的衔接,从讲故事到讲理论,从启蒙式教学、体验式教学到问题式教学等,各阶段思政课教学方法的运用也体现出对学生成长规律的遵循。第二,最大的开放性在于"开门办思政课"。"大思政课"遵循体会、体验、体察的行动逻辑,其教学方法并非单一固化,而是开放、多元的,构建起综合性、立体化的方法体系,具体而言既涵盖理论教学方法、实践教学方法与网络教学方法,也包含显性教学方法与隐性教学方法、传统教学方法与现代教学方法等,体现出多样化的教学方法的有机统一。

三、"大思政课"的具体方法

从具体方法来看,"大思政课"体现出对好方法的沿用、对老方法的改进和对新方法的探索。一是沿用好方法。对于传统思政课教学中采用的议题式教学、案例式教学、探究式教学、情景式教学等行之有效的方法,"大思政课"继续沿用,以发挥其优势效能。二是改进老方法。"大思政课"着力破除传统思政课教学中存在的教师教、学生听的理论灌输等单一方法的局限,推进互动式、启发式、体验式等教学新模式。三是探索新方法。习近平总书记指出,要"推动思想政治工作传统优势同信息技术高度融合,增强时代感和吸引力"[1]。"大思政课"在探索"互联网+思政课"教学模式中,借助 VR 虚拟仿真、大数据、人工智能等信息技术赋能以及微课、短视频、直播等

---

[1] 《习近平谈治国理政》第二卷,外文出版社 2017 年版,第 378 页。

形式支撑，采用虚拟实践教育法等提升教学方法的现代化程度，推进沉浸式教学和交互式教学，打造出更加现代化、可视化的教学情境，增强教育内容的生动性和吸引力，促进思想政治教育"活"起来和"火"起来。

第六节 "大思政课"科学意涵的评价之维

从效果反馈维度来看，"大思政课"之"大"体现在评价之大，回答"大思政课"成效检验的问题。评价之大是指"大思政课"进一步明晰和拓展了评价缘由、评价主体、评价指标和评价方法，构建起"点""线""面"全覆盖的评价体系，为检验和提升"大思政课"建设质量提供科学依据。

一、评价目标上"指挥棒"和"诊断器"统筹兼顾

从目标向度来看，评价缘由回答的是"大思政课"为何评价的问题。"大思政课"不是为了评而评，而是致力于纠正形式化、工具化倾向，发挥好评价的"指挥棒"和"诊断器"作用。一是推动"大思政课"守正创新。"大思政课"评价不仅是反映其建设情况的"诊断器"，也是促进其改革发展的"助推器"。"大思政课"评价坚持问题导向和效果导向，发挥其导向和调节功能，即引导"大思政课"坚持"四个服务"的政治导向和立德树人的价值取向，调节其教育目标和教育过程，目的是推动"大思政课"实现内涵式高质量发展。二是激发教育主体内生动力。"大思政课"评价坚持人本主义倾向而非绩本主义倾向。从评价标准来看，

"大思政课"师资队伍评价坚持"严把政治关、师德关、业务关,明确与思政课教师教学科研特点相匹配的评价标准,进一步提高评价中教学和教学研究占比"[①],以此促进教育主体潜心育人;从评价功能来看,"大思政课"评价具有激励功能,通过"正激励"和"负激励"双向作用,使教育主体认识自身优势与不足,规范思政课教育教学行为,引导思政课教师做好职业规划,提升能力与素质。三是助力教育对象全面发展。《普通高等学校马克思主义学院建设标准(2023年版)》明确提出"以学生获得感为评价导向"。"大思政课"评价不是对教育对象进行单一的学业结果评价,而是对其发展质量进行多维度综合评价,从认识、情感、意志、行为的获得性等四个层面改造教育对象的主客观世界,最终以行动者视角回应时代新人应当做什么和如何做,在个体行为的价值观和方法论上有所收获。

二、评价主体上宏观主体和微观主体协同配合

从主体向度来看,评价主体回答的是"大思政课"由谁评价的问题。"大思政课"的评价主体不限于校内思政课教师和学生,而是从宏观至微观打造包括管理主体、教育主体、学习主体和社会主体等在内的校内外多元一体的评价格局。各评价主体之间职责侧重不同又相互配合,在自评、互评与他评中提升"大思政课"评价的科学性、全面性。一是发挥管理主体的统筹作用。"大思政课"的管理主体主要是指"党委和国务院的宣传或教育主管部门、地方党委和政府及其教育主管部门、高校

---

① 《中办国办印发〈意见〉 深化新时代学校思想政治理论课改革创新》,《人民日报》2019年8月15日。

党委"① 以及教育部高等学校教学指导委员会等,管理主体在"大思政课"评价中发挥着统筹指导和组织开展等作用。二是发挥教育主体的主导作用。教育主体既是"大思政课"的建设主体,也是其最直接的评价主体。"大思政课"评价既注重发挥思政课专职教师的作用,也不忽视专业课教师、班主任、辅导员等教育主体的评价功能。三是发挥学习主体的主力作用。广大学生既是"大思政课"的评价客体和受教育者,也是其评价主体。在接受教育的过程中,教育对象对"大思政课"的内容、方法、环境以及教师的能力水平、师德师风等有着直观的感受和判断。四是发挥社会主体的协同作用。"大思政课"在与社会相衔接的过程中,也纳入了广泛的社会评价主体,包括家长、校外专家、实践单位乃至公众等个体或群体组织。

三、评价指标上"做减法"和"做加法"辩证统一

从内容向度来看,评价指标回答的是"大思政课"评价什么的问题。"大思政课"在以立德树人成效为根本评价标准的基础上,体现出破立并举、"做减法"与"做加法"的辩证统一,目的是制定更加科学合理的评价指标体系。一方面,在评价指标体系上"做减法",即"坚决克服唯分数、唯升学、唯文凭、唯论文、唯帽子的顽瘴痼疾"②,破除对思想政治教育本身及主客体的片面的评价取向。另一方面,在评价指标体系上"做加法",即进一步丰富拓展评价对象、内容和维度。"大思政课"

---

① 冯刚:《高校思想政治教育工作质量评价研究》,人民出版社 2020 年版,第 195—196 页。

② 《中共中央国务院印发深化新时代教育评价改革总体方案》,《人民日报》2020 年 10 月 14 日。

的评价指标涉及全要素、贯穿全过程、涵盖全方位,重点包括对教育要素、过程和效果的评价。一是对"大思政课"教育要素的评价。完备的教育要素是开展"大思政课"的条件,对"大思政课"教育要素的评价具有基础性和前提性,主要体现在评价其教育主体、目标、内容、环境和方法等要素是否科学、全面、可行。二是对"大思政课"教育过程的评价。首先是对教师教学过程的评价。通过对教师的知识传授过程、思想引导过程、实践转化过程以及教学研究过程等进行评价,判断其是否符合教师"六要"和教学"八个相统一"。其次是对学生学习过程的评价。通过对学生在课堂理论教学、课外实践教学和线上网络教学中的参与互动情况以及在课前、课后的自学表现等进行评价,判断其是否将教学内容入脑、入心、入行。最后是对组织管理过程的评价。评价的要点主要体现在考察各级党委和政府及相关部门对"大思政课"建设是否在政策执行、组织实施、支持保障等方面落实到位。三是更加注重对"大思政课"教育效果的评价。从认识论和实践论的角度,以受教育者的接受质量,即其在知、信、行方面的内化与外化程度为依据,判定教育主体的育人效应和"大思政课"实际育人效果。

四、评价方法上过程科学性与结果有效性互为倚重

从原则和方法向度来看,评价方法回答的是"大思政课"怎样评价的问题。"大思政课"评价以多元、适切、灵活的评价方式,增强评价过程的科学性和评价结果的有效性。综合来看,"大思政课"的评价方法主要体现为定量与定性、过程与结果、静态与动态、单项与综合、存量与增量等方面的统一结合。一是定量评价与定性评价相统一。"大思政课"评价一方面注重利用云计算、大数据等在信息收集、存储、处

理、分析方面的优势，对施教投入、队伍规模、理论与实践教学频次等更加精准地开展定量评价；另一方面规避唯数据论倾向，通过定性评价进行有效补充，对"大思政课"的发展趋势等进行质性评价。二是过程评价与结果评价相结合。"大思政课"的评价方法体现出"点""线"结合，即进行点状的"回顾式"的结果评价和线性的"前瞻式"的过程评价。一方面，对"大思政课"的理论教学、实践教学、网络教学状况进行实时追踪，从而及时发现问题和调整策略，发挥好评价的诊断调节功能；另一方面，依据预设目标对"大思政课"的育人质量和建设效果进行评价，判定其教育教学目标的完成度。三是静态评价与动态评价相配合。以纵向维度为例，"大思政课"评价既包括对各个学段的教育教学成效进行相对静态的评价，也涉及从动态的视角对大中小学思政课一体化建设的质量以及受教育者在不同学段的发展状况等进行评价，体现出评价的针对性与衔接性。四是单项评价与综合评价相补充。"大思政课"评价既包括对课程思政、思政课程、教育队伍、教育对象等各维度进行单项评价，也注重从宏观上对"大思政课"的整体要素和成效进行综合评价。五是存量评价与增量评价相呼应。"大思政课"评价以促进学生全面发展为指向，既依据各项指标对学生最初的综合素质水平进行基础性评价，又对其接受思想政治教育之后在思想、学业和行为等方面的进步水平进行发展性评价，体现出对发展起点、进步过程和成长增值的全程性和全方位的关注。"大思政课"对各种评价方法不是孤立使用，而是在相互组合、综合使用的过程中提升评价的信度与效度。

本章结语

对"大思政课"的科学意涵的理解主要体现在理念、课堂、队伍、教材、方法和评价等维度。各维度之间不能相互割裂，也不能简单相加，而是逻辑贯通、彼此联通、互为支撑、相辅相成。理念是先导，为各要素优化提供思想指引；课堂是阵地，为运用教育要素和实施教育过程提供场域；队伍是关键，是贯彻理念、拓展课堂、优化教材、创新方法和完善评价的主体；教材是"枢纽"，从供给侧聚合并优化教育资源；方法是"桥梁"，以课堂为载体连接教师、教材与学生；评价是"指挥棒"和"诊断器"，检验教育理念的实现程度、教育要素配置质量和教育对象的获得程度，引导、规范和调节"大思政课"建设。"大思政课"各维度侧重点不同，但价值指向契合，体现"大"与"一"、一核多维的关系。理念的优化、场域的拓展、师资的联动、教材的整合、方法的拓展和评价的完善，不是目的而是策略，为的是以方向的一致、行动的协同、要素的配置、结构的优化，共同为"大思政课"讲清道理、讲明学理、讲透哲理，完成铸魂育人根本任务打好组合拳、汇聚大合力，形成人人、处处、时时讲思政的氛围。

"大思政课"之"大"不仅在于数量之大、外延之广，更在于质量之高、内涵之深。"大思政课"不是为大而大、大而无边，而是要大而不泛、大而有为。立足于思政课建设新阶段，理解"大思政课"何以为大，为的是在此基础上探究"善用之"的问题，即如何在系统化的改革创新中充分展现"大思政课"立德树人的大作为。

第三章　新时代高校思政课的适应图景、适应尺度及适应优化

　　思想政治理论课能否在立德树人中发挥应有作用，关键看"适应不适应"。在新时代背景下，分析高校思政课的适应图景，深思高校思政课的适应尺度，探寻思政课的适应优化策略，具有重要的理论价值与现实意蕴。高校思政课的构成要件描绘出思政课的适应图景，内含思政课目标衔接、教师主导、把脉学生、介体调适与环境顺应五个要素。适应尺度标示高校思政课适应性的现实状况。当前高校思政课适应性的总体状况良好，同时在思政课教师角色、教学内容、教学方法、教学话语等方面依然存在问题。面对高校思政课适应性存在的问题，要通过树立适应性思维、提升高校思政课教师胜任力、促进大学生与思政课双向适应、明确思政课适应性评价标准四个方面增强适应性。

　　习近平总书记指出："思想政治理论课能否在立德树人中发挥应有作用，关键看重视不重视、适应不适应、做得好不好。"① 这一重要论述为高校思政课的高质量建设和创新发展提供了基本遵循和着力方向。高校思政课"适应不适应"本质要求在于深化思政课守正创新，不断增强

---

① 《大思政课，总书记心中的一件大事》，《人民日报》2022 年 5 月 22 日。

思政课的价值引领属性。聚焦高校思政课的适应图景、适应尺度以及适应优化策略，对于研究思政课"适应不适应"这一问题具有重要的学术价值。

第一节　新时代高校思政课的适应理想图景呈现

从定义上看，适应性指在变化了的环境下调整和完善自身从而达到协调与平衡的能力。高校思政课适应性指在高校思政课内外部条件发生变化时，思政课参与者尤其是思政课教师能够立足实际作出调整，破除不适应性，达成思政课教学在目标、教师、学生、介体以及环境方面的适应，进而达成思政课的内部适应和作为社会子系统的协调与平衡，并最终实现育人目的的能力。高校思政课适应性具有复杂性，不仅要从静态课程上加强适应，如目标衔接、介体调适、环境顺应等，还要从动态课堂中增强适应，如教师主导、把脉学生。

一、多重目标衔接，构筑适应基底

高校思政课作为培养人的社会活动，是一种在理性引导下有目的的价值追求。党的十八大以来，以习近平同志为核心的党中央高度重视思想政治理论课建设，作出一系列决策部署，高校思政课在改进中不断与增强大学生使命担当的育人目标、推动思政课高质量发展的课程目标和实现中国式现代化的教育目标相衔接。

高校思政课适应增强大学生使命担当的育人目标，是思政课与大学生思想同频共振的必然要求。适应育人目标一方面体现在提升大学生的思想政治素质。在新时代不断开创思政教育新局面，目的是培养更多让党放心、爱国奉献、担当民族复兴重任的时代新人。[①] 另一方面在于丰富大学生的知识能力。中华民族伟大复兴进入不可逆转的历史进程，这对社会主义现代化建设者的知识能力提出更高的要求。高校思政课必须培养大学生自觉学习和扎实掌握社会主义现代化所需要的科学文化知识。

适应高质量发展的课程目标，是建设学生"真心喜爱、终身受益、毕生难忘"的高校思政课的必然要求。一是增强思政课思想性、理论性和亲和力、针对性。高校思政课不仅需要强化思想价值引领、做到以理服人，也要富有温度、聚焦教学重点，解决好"教"与"学"的矛盾。二是推动思政课改革创新，遵循"八个相统一"。高校思政课要从"立"与"破"双向推进思政课建设，处理好"鱼"与"渔"的逻辑关系，实现教师"教好"与学生"学好"的双向互动。

高校思政课适应中国式现代化的教育目标，是社会发展的客观趋势和长远需要的必然要求。高校思政课是连接党和国家宏伟战略与青年学子的桥梁。坚持立德树人的教育导向，遵循教育服务社会发展要求，服务学生成长成才、"四个全面"战略布局，适应国家战略需求及未来发展趋势，是不断增强和保障国家与民族利益的内在需求。

二、思政教师主导，引领适应方向

思政课教师扮演着马克思主义理论的学习者、哲学社会科学的研究

---

① 《习近平对学校思政课建设作出重要指示强调　不断开创新时代思政教育新局面　努力培养更多让党放心爱国奉献担当民族复兴重任的时代新人》，《人民日报》2024年5月12日。

者、先进思想文化的传播者、党执政的坚定支持者和大学生健康成长的引导者等角色,在思政课教育教学过程中起着主导作用。教师是高校思政课增强适应性的中坚力量。高校思政课教学能否适应,关键在于教师怎样去教,能否综合运用多种教育教学方式方法,充分调动大学生的兴趣和能动性,达到沟通心灵、启智润心、激扬斗志之目的。

思政课教师的主导性表现为教师主体在承担、发动、组织和实施思政课时体现出来的思想价值引领性、身教重于言教的示范性。当下,思想文化多元多变多样、交流交融交锋态势愈加凸显,增大了大学生对社会问题准确判断和清晰认识的难度。在思政课教学过程中,思政课教师要将大学生的思想政治品德现状与社会发展要求的矛盾控制在适度范围内,保证思政课教师在各个环节、各个方面发挥主导性。思政课教师的主导地位是靠引领示范,而不是靠"任命"实现的。思政课不是一般的知识教育,而是依靠思政课教师对教育对象的强烈的感染力,使教育对象的思想行为不断趋向社会主流意识形态的要求。高校思政课教师要将社会主义意识形态的"一般"与大学生思想政治品德"具体实际"相结合,在教学理念、教学话语、教学方式方法等方面发挥创新精神和创造能力,引导大学生自觉培养与社会发展需要相适应的思想政治素质。

三、精准把脉学生,提升适应水平

除了传播知识、培养技能之外,思政课更多地将重点放在学生情感、态度和价值观的培养上,因此在教学活动中往往更加注重交流与对话、合作与探究、言传和身教,以实现师生之间心灵互拥、情感沟通和思想碰撞。大学生是教育教学活动不可或缺的要素,思政课教师要精准把脉青年大学生群体的思想行为特征,尊重并理解当代大学生,通过科学理论引领达到激发大学生主体力量、增强高校思政课实效性的目的。

当代大学生作为新时代的学生群体，具有鲜明的思想价值观念特征。在价值追求上，个体意识与利他精神并存。强烈的个体意识是当代青年大学生对于多样社会行为选择与多元社会思想文化的反映，表现在具有个性化的兴趣爱好和情感表达方式，更注重个体的情感体验和价值实现，还表现在当代大学生的思想观念更具向己性①。同时，当代青年大学生又延续中华传统道德观念中的利他精神，将自己的价值化为对他人和社会的贡献。在自我与国家的关系上，家国情怀与国际视野兼具。家国情怀是青年大学生作为中国人对国家道路、理论、制度和文化的"自我归属"和高度认同。此外，大学生的国际视野更为宽广，他们以开放的思想观念和价值取向主动了解外部世界，接触国际事务。在生活和交往方式上，网络以其碎片化的时间、多元化的供给、新奇化的形式，成为当代大学生不可或缺的生活方式、成长空间和"第六感官"。然而，互联网的全方位渗透使得"正能量"内容与"丧文化"现象相互交织，形成了当代大学生特有的生活状态。精准把脉大学生的思想行为特征是增强思政课适应性的关键，高校思政课是价值观教育课，也是灵魂塑造课。因而思政课只有对大学生的思想行为和成长需要把握得更深入，才能让高校思政课"有虚有实、有棱有角、有情有义、有滋有味"。

四、各方介体调适，优化适应架构

高校思政课介体作为"桥"和"船"，搭建了教师与学生相互作

---

① 童建军、林晓娴：《当代大学生思想动态与行为倾向分析》，《思想理论教育》2019 年第 4 期。

用的桥梁。从中介的结构上看,高校思政课的教学内容、教学方式方法、教学载体共同组成了思政课中介的有机整体,具有承载性和传输性。

适应高校思政课内容,就是要适应"两个中心",即思政课内容要以马克思主义及其中国化时代化的理论成果特别是最新理论成果为中心,这是高校思政课的灵魂和支柱。习近平总书记强调:"抓好马克思主义理论教育,为学生一生成长奠定科学的思想基础。"①高校思政课的教学内容以阐释马克思主义基本原理为内核、以马克思主义中国化时代化理论为纵深脉络,通过以"论"和"史"相结合的方式,从不同视角和层面阐明了马克思主义基本原理在中国的运用与发展。

适应高校思政课教学方法,在于在继承传统的基础上调整多种教学方法的平衡点、侧重点,不断实现教学方法创新。高校思政课教师首先需要适应课堂讲授法的基本要求,即在备课环节应当深入研究教材,合理构建教学内容体系。同时,需巧妙地将教材中的文本语言转换为生动的教学话语,赋予其更具启示性和感召力的特质。在课堂讲授法的基础上,不断调整知识结构,采用专题式教学、案例式教学、启发式教学、研究式教学、情境式教学等教学方法。

适应高校思政课载体,在于适应载体丰富多样的表现形式。高校思政课教材承载着党和国家意志,在众多思政课载体中,思政课教材具有非常特殊的地位。"马克思主义基本原理""毛泽东思想和中国特色社会主义理论体系概论""中国近代史纲要"和"思想道德与法治"五门课程的教材,分别从理论、现实、历史和成长实践等角度,帮助大学生树立马克思主义理想信念。"互联网是传播人类优秀文化、弘扬正能量的

---

① 《习近平谈治国理政》第二卷,外文出版社 2017 年版,第 377 页。

重要载体"①，网络载体是传媒载体中的新元素，也是高校思政课的新资源。因此高校思政课需要适应传媒载体，让思政课教师和学生平等自由地交换意见，使主客体沟通的广度和深度达到一个新的层面。

五、内外环境顺应，塑造适应格局

思政课教育教学的开展，需要环境为其提供物质条件、精神条件和活动场所，因此，环境顺应是思政课适应性的构成要件之一。在现代社会中，高校思想政治教育面对的是更加开放、更加复杂的国内外环境，思政课如何适应变化了的客观环境需要，如何让外部环境成为高校思政课的必要支撑和有效助力，如何在多元中确立主导，也是新时代增强高校思政课适应性和思政课创新发展的重点课题。在某种程度上，思政课的环境适应能力直接决定了其教育价值的体现，是其能否得到社会广泛认可和良性发展的关键所在。②内外环境顺应塑造思政课适应格局，主动顺应环境是思政课摒弃自我封闭、漠视社会发展和变化的重要表现。

新时代思政课的环境顺应，主要指适应中华民族伟大复兴战略全局和世界百年未有之大变局。历史的发展趋势和世界的宏观形势是思政课开设的大环境。当前，世界之变、时代之变、历史之变正以前所未有的方式展开。"世界又一次站在历史的十字路口"③"实现中华民族伟大

---

① 《习近平谈治国理政》第二卷，外文出版社 2017 年版，第 534 页。

② 刘建军、朱倩：《论思想政治理论课的社会适应与自我调适》，《思想理论教育》2022 年第 7 期。

③ 习近平：《高举中国特色社会主义伟大旗帜　为全面建设社会主义现代化国家而团结奋斗——在中国共产党第二十次全国代表大会上的报告》，人民出版社 2022 年版，第 60 页。

复兴进入了不可逆转的历史进程"①，这就是新时代高校思政课的宏观环境。国内与国际的经济、政治、文化和社会思潮，是影响大学生思想和行为的重要因素。在这样的大环境中，不稳定性不确定性日益增加。高校思政课既要适应国际形势新变化，把握世界多极化加速推进的大势、把握经济全球化持续发展的态势；又要适应国内发展新格局，及时调适。思政课教学既不能脱离中国独特的历史和文化，又要深刻适应发展要求，研究新情况，回答新问题，体现时代性，保持先进性。

第二节　新时代高校思政课的适应尺度分析

新时代高校思政课的开展效果良好，适应性逐渐增强。具体表现为：在目标适应上，思政课价值引领功能凸显；在教师适应上，思政课教师队伍建设取得突破；在学生适应上，新时代大学生思想素质不断提升；在介体适应上，思政课中介体系逐步完善；在环境适应上，思政课的发展环境和整体生态发生根本性转变。但是，高校思政课适应性的各方面还难以满足各学校甚至学生个体的不同尺度需求。因此，高校思政课总会存在不同程度上不适应的问题。

一、新时代高校思政课适应性存在的主要问题

其一，部分思政课教师角色与大学生期待有差距。要抓住办好思政

---

① 习近平：《高举中国特色社会主义伟大旗帜　为全面建设社会主义现代化国家而团结奋斗——在中国共产党第二十次全国代表大会上的报告》，人民出版社2022年版，第16页。

课的关键，以习近平总书记提出的"六要"为标尺来选拔思政课教师和加强队伍建设。同时，也应适应大学生多样化成长需求，积极回应大学生对于加强师资力量建设的期盼。一方面，一定程度上存在对高校思政课教师定位过于简单化的问题，仅强调思政课教师的政治性角色，未能从整体上认识思政课教师的角色定位。面对鲜活的社会实践和学生多样化的成长需求，思政课教师的角色应进一步"深化"和"饱满"。另一方面，为了回应和满足大学生多元发展的需求，思政课教师要采取多种策略，不断尝试引入新的元素以提升教学效果。然而，大学生人数众多，每个人能获得的关注和资源相对有限，导致大学生对思政课产生期待落差。有报告显示，在大学生关于部分思政课教师存在的问题中，近六成的大学生认为思政课教师"缺乏创新能力"[1]，还有一部分大学生认为思政课教师"缺乏国际视野"和"对学生关爱不够"，同时还存在"个别教师立场不坚定"的问题。此外，一部分思政课教师的学情分析能力不足，因而难以与大学生产生"共情"，使思政课教学缺乏针对性与实效性。

其二，课堂教学内容反映理论创新成果不够全面。高校思政课要因事而化、因时而进、因势而新地设计教学内容，构建具有中国特色的思政课内容体系，从而增强思政课的思想性、理论性和亲和力、针对性。当前，思政课的内容供给与大学生的实际需求之间存在一定的矛盾，同时思政课教学内容存在"与高中政治内容重复，缺乏新意""授课内容枯燥乏味""教学案例过于陈旧""理论深度不足，不解渴"等问题。这就要求思政课教师必须依据党的最新理论创新成果和学生理论诉求精心

---

① 沈壮海、刘晓亮、司文超主编：《中国大学生思想政治教育发展报告 2022》，高等教育出版社 2023 年版，第 230 页。

选取教学内容。一方面,思政课要增强教学内容的透彻性,讲清讲透马克思主义的基本原理、核心要义、精神实质。另一方面,思政课要坚持与时俱进。"枯燥乏味""缺乏新意"是教学内容存在的突出问题,这就要求思政课教师深入推进习近平新时代中国特色社会主义思想"进教材、进课堂、进学生头脑",贴近学生、深入社会,增强教学内容的现实阐释力。

其三,教学方法不完全匹配大学生思维认知方式。教学方法实际上是"马工程"教材体系向教学体系转化的关键环节。只有准确把握教材内容的核心观点和重点难点,适应大学生的思维认知方式,选择最适合的教学方法,才能更好地发挥思政课"教育人"和"说服人"的作用。当前,大学生的思想行为呈现出个体意识与利他精神并存、保守倾向与创新意识并行、"虚"与"实"交织、"丧文化"与"正能量"交织的重要特征,思政课教师需要精准把脉和有效引导大学生。"教学方法不匹配大学生思维认知方式"是思政课不适应的表现之一。具体而言,部分大学生认为思政课存在"理论说教过多""教学方法单一"的问题,还有一些大学生认为思政课教师"不注重课堂互动"以及"不善于运用新媒体"等。这就要求思政课教师一方面要熟练运用专题式教学、案例式教学、情境式教学、研究式教学等基本教学方法,如选择的专题、讨论的案例、创设的情境等都要贴近大学生的思维认知;另一方面要将新媒体新技术运用到课堂,采用青年大学生乐于接受的教学方式,激发学生参与课堂的积极性和主动性。

其四,教学话语不够贴合大学生话语接收偏好。话语作为思政课教学内容的重要载体,是思想政治教育理论转化为实践引导的重要媒介。使思政课教学话语满足教育对象的需要,是思政课增强适应性的基础内容。面对思政课各方面环境和条件的变化,思政课教学话语也必须作出相应调整，以尽快适应不断变化发展的外部形势。当前大学生的思维方式、接受方式、话语表达、话语空间发生了较大变化，同时，网络已成为现代人的主体生活方式中不可或缺的一部分，并深刻改变着大学生的思维方式和语言表达。在此背景下，可能出现思政课教师话语主体失语、话语内容失调、教学话语策略失效的问题，传统的教学话语不能完全贴合大学生的话语接收偏好，难以满足大学生的需要。因此，高校思政课要结合新时代大学生群体的心理特征和表达习惯，围绕大学生关心的热点话题，实现教学话语表达转化，革新话语体系，破除话语隔阂，适当融入符合大学生群体表达习惯的网络语言，提升思政课的吸引力，增强思政课的"黏性"。

二、新时代高校思政课适应性存在问题的原因探求

其一，大学生思想状况具有复杂多变性。思政课是一种科学地将学生的思想状况和现实需要与国家意识形态需求相统合的教学实践。[①] 科学地认识当代大学生自身思想的内在矛盾及其在德育过程中的能动作用，是增强高校思政课适应性的关键所在。社会环境和大学生自身内在尺度的变化是影响大学生思想状况的主要因素。一方面，新时代蕴含着新矛盾。在当前社会大环境的影响下，大学生的思想状态复杂多样且不易捉摸。与此同时，网络信息传播迅速，容易对大学生的认知产生冲击，大学生可以通过各种渠道接收信息，却没有足够的判断力。另一方面，大学生的思想状况是发展变化着的。首先，大学生所处的青年时期

[①]　刘同舫：《思想政治理论课教学亟须解决的五个问题》，《思想理论教育导刊》2019 年第 7 期。

是生理上迅速发育、心理上变化较大的时期。这一时期是大学生世界观、思想品德、意志性格形成的重要时期。部分思政课教师在教学实践中用不变的观点、静止的眼光来看待学生的思想状况，用不合理的"类比"推断大学生的思想行为，违背了大学生的成长规律。其次，大学生的思想状况具有立体性。大学生的群体结构不是单一的，而是分层次的。不同年龄阶段、不同学科方向的大学生对思政课的内容偏好存在差异、吸收程度不一，思政课教师缺乏了解不同大学生思想状况的渠道。

其二，部分教师对思政课教学内容缺乏深入领会研究。高校思政课的适应性一定程度上取决于教师对课程内容的理解与课堂教学的呈现。纵观我国高校思政课教学改革的历史不难发现，"内容为王"是确保和保持大学生对思政课的获得感的关键。学界广泛关注教学内容的与时俱进，思政课教师纷纷投身于结合新理念新内容的教学实践中。但从整体来看，部分教师对于新思想新内容的认识和理解层次不深、应用的灵活性不强。思政课教学内容的改革，核心目标在于提升教育的质量和效果。为了达到这一目的，改革必须深入到内容本身的创新上。然而，现实情况却是，部分教师在对教学内容进行创新时，仅仅停留在表面的形式变革，而忽视了深层次的内容探究。具体表现为一些教师可能在对新内容的研究尚未完全成型时，就急于求成地开始教学工作。这样的做法不仅会对大学生的成长产生不利影响，而且违背了教学改革的初衷。与此同时，面对创新性改革的压力，部分思政课教师不得不尝试各种方法吸引学生的注意力，比如利用新媒体或者"讲段子"。这些做法虽然在一定程度上增加了课堂的趣味性，但并没有真正触及教学内容的深度，无法有效促进大学生对教学内容的吸收和转化。

其三，思政课优质教学资源利用不够充分。教学资源是高校思政课"巧妇之炊"的"米仓"，当前对思政课优质教学资源利用不充分对思政课增强适应性产生制约作用。第一，网络思政教学资源的共享与开发相互制约。信息技术和数字化的发展催生了教学资源新的获取方式，部分教师直接下载网络数据库中的优质教学资源，但没有从"为我所有"转换到"为我所用"，反而抑制了思政课教师教学的能动性发挥。部分教师对于网络资源过于依赖还会影响新的教学资源的开发与创造。第二，集体备课制度不够健全。团队合作的教学实践在一定程度上可以弥补教师群体的资源差异，实现优势互补。但是在实际中，教学资源共享的力度存在局限。同时，纵向跨学段、横向跨学科的交流备课机制不完善，导致思政课教学资源存在有限性，无法保证优质教学资源的再生与开发。第三，在教学实践中忽视课程思政的优质教学资源。大学生世界观、人生观、价值观的形成是一个复杂的系统工程和动态工程，仅仅靠思政课是远远不够的。因此，不仅要利用好思政课的优质教学资源，还要利用好课程思政的优质教学资源。当高校思政课改革发展到一定程度，就需要有其他课程资源的支撑。否则，它就不能继续前进并取得更好的成效。

其四，优秀教改模式总结与推广不够深入。教学改革是按照一定的教育目标，把落后的教学观念、内容、方法等多方面整体，改造成能适应社会需要的实践活动。教改模式的总结是教学实施的重要环节，模式推广是打造"金课"的内在动力。高校思政课教改模式的总结与推广能够在更为广泛的范围或意义上增强思政课的适应性。但目前思政课的教改模式还存在困境，影响了思政课的整体育人效果。第一，思政课教改模式的总结缺乏系统性。部分思政课教师缺乏对教学模式的整体把握，往往陷入学生一端或教师一端，导致教学过程中各要素的分配不合理以及环节紊乱。同时，目前实践教学改革、问题式专题化教学改革、交互式参与式教学改革、思政课网络教学改革等方面虽有一定成效，但在教学改革模式中无法总结出符合教学基本规律的方法系统。第二,思政课教改模式的共享层次不高。目前虽然思政课教学改革推广在高校内部共享较多,但无法实现模式的深度推广。教师之间缺乏广泛长效的教学经验分享机制,教学研讨会只能引起一时的热潮,难以发挥长效性。

第三节　新时代高校思政课的适应优化策略

研究新时代高校思政课适应性的实质是探究思政课目标、教师、学生、介体、环境等要素之间的良性互动关系,通过对关系本质的占有,以实现教学目标。高校思政课正在顺应形势、主动求变,通过提出新时代高校思政课的适应优化策略,能够在适应的基础上进一步满足国家、社会和大学生的需要和对思政课的期待。

一、助推新时代高校思政课树立适应性思维

适应性思维范式强调不确定性、非线性、权变等,注重从内部和外部结合获取信息,特点是以高度灵活性来应对问题和实现目标。新时代高校思政课树立适应性思维,需要从三个方面着手。

其一,以不确定性思维积极回应未知状态。"不确定性"作为"确定性"的否定形式,代表着主体对客体发展状态的不肯定。[1] 已知的教育因果关系无法完全解决思政课未来可能出现的问题。从不确定性思维

---

① 文军、刘雨航:《不确定性:一个概念的社会学考评——兼及构建"不确定性社会学"的初步思考》,《天津社会科学》2021 年第 6 期。

的角度看，适应性就是一种交互性、协调性、学习性，以直面思政课面临的不确定性和复杂性的能力。当前思政课存在一些不确定性问题，如环境的不确定性导致人的不确定性，学生对课程的反应以及个体差异产生的价值取向不同，本身就存在不确定性，现代传媒技术发展也为思政课带来了不确定性。不确定性并不意味着思政课对各个构成要件掌控能力的减弱，而是给予主体更大的创造空间。这就需要思政课教师以不确定性思维积极回应未知状态，更多追问可行性条件和"行"，尤其是对时和势的适应和应变。要不断关注学生的思维变化，有效迅速地收集教学过程中的各种信息，灵活果断采用恰当的教学策略与措施，有效地推进思政课教学进程。

其二，将社会化思维与自我调适相结合。思政课适应性的作用过程并非单方面的社会环境对思政课的影响，而是思政课与环境之间的相互协调，即主体对象与客观环境双向互动的"协同过程"。社会化思维是指"从客观现实出发，严格按照客观事物的逻辑关系进行思维，其特点是对客观现实具有适应性"[1]。社会化思维要求高校思政课摒弃自我欣赏、自我封闭的心态与做法，把握社会对思政课的最新需要，始终把适应社会需要和要求当作自身建设与发展的方向指引。社会变化是促使思政课自我调适的外部动力，自我调适是思政课通过自我调整、自我变革，来有效促进自身现代化发展。高校思政课自我调适可以从多方面进行，但都需要有"高、精、尖"的追求，即"高点定位、精准发力、尖端突破"[2]。

其三，以系统性思维推动思政课整体建构。在思政课教育教学过程中，系统观念是具有基础性的思想和工作方法，具体表现为思政课课程

---

① 陈会昌主编：《中国学前教育百科全书》（心理发展卷），沈阳出版社 1995 年版，第 129 页。

② 刘建军：《师说：新时代思政课》，天津人民出版社 2023 年版，第 59 页。

体系具有整体性、课程内容具有互补性以及思政课具有层次上的递进性。立足系统性思维,一方面要树立"三全育人"教学理念。"三全育人"是一种全面系统的教育思维模式,对于营造良好的育人环境具有重要作用。另一方面要协调整合思政课适应性的构成要件。不仅注重各种德育目标的衔接与支撑,还要综合运用各种思政课教学方法和教学载体,不断追踪党的创新理论最新成果和大学生的思想实际,从而更好地发挥思政课协同性、整体性的功能效应。

二、提升高校思政课教师胜任力

主体胜任力是发挥适应性的前提条件,也是实现适应性的关键要素。高校思政课教师胜任力是思政课教师为适应思政课高质量发展所需具备的专业知识、技能、价值观以及人格特征的综合。提升胜任力实质上是研究思政课教师如何运用好适应性的各项要素,推动思政课教学体系更好地向大学生的知识体系和价值体系转化。

其一,在深入领会教学内容中增强思想性。思政课的本质是讲道理,教师要"把道理讲深、讲透、讲活"。提升高校思政课的适应性,深入领会教学内容是根本。首先,以教材内容研究为基础。对于教材内容,思政课教师要坚持"真懂"和"吃透",即思政课教师要熟悉教材的全部内容,掌握每一个理论知识点,并能串联起知识点,做到融会贯通。同时思政课教师在对教材进行研究时,需要考虑结构的逻辑严谨性、章节的均衡性、层次的清晰性、前后的呼应性等。其次,以党的创新理论最新成果为支撑。思政课教师只有以党的创新理论最新成果为支撑,才能结合我国国情和中国式现代化发展实际,以马克思主义理论之"矢",射当代中国实际问题之"的"。最后,从中华优秀传统文化中汲取育人智慧。习近平总书记指出："中华民族几千年来形成了博大精深的优秀传统文化……为思政课建设提供了深厚力量。"① 中华优秀传统文化中涵养的"讲仁爱、重民本、守诚信、崇正义、尚和合、求大同"价值取向与追求，能够很好地培育大学生的爱国情怀、人民情怀、奋斗精神、全球视野、创新意识等各方面素养。

其二，在充分利用优质资源中达到高水准。优质教学资源是高水平思政课的必要支撑。由于课程标准和教材都不能完全确定学生具体、准确的学习需要，因而思政课教师需要利用各种教学资源，具体规划、特殊设计。第一，实现优质资源的共建共享。利用好思政课网络平台资源、数字化资源，以此既能满足思政课教师"教辅"的需要，又能满足大学生"能学"的需要。第二，恰当运用教学方法，用好课堂内外资源。思政课教师在教学中要体现启发式、案例式、专题研讨式等各种教学方法的灵活运用和综合运用，同时要注重拓展思政课的第二课堂，开展实践教学，用好博物馆、纪念馆等社会大资源。第三，推动红色文化育人育心，用好红色文化资源。红色文化资源丰富了思政课的内容供给，对于提升思政课教学质量具有重要价值。在思政课堂中，思政课教师可以适时穿插百年党史，用红色故事启迪学生、用红色人物激励学生，充分发挥红色文化资源的强大感召力和凝聚力。

其三，在学习优秀教改模式中提升引领力。思政课优秀教改模式通过总结以往教学模式的运行经验，实现各要素和环节的整体优化运行。一方面，思政课教师要加强对思政"金课"模式的学习。高校思政"金课"对教学理念、目标、模式等进行全新升级，是具有高阶性、创新性

---

① 习近平：《思政课是落实立德树人根本任务的关键课程》，人民出版社 2020 年版，第 9 页。

和挑战度的课堂。思政"金课"建设从充实思政课程内容、创新教学方法、完善教学评价标准等关键环节出发。思政课教师通过学习不同高校的"金课"模式,可以提高自身的教学水平,使课程内容更具前沿性和时代性、教学形式更具先进性和互动性,从而充分调动大学生自主学习思政课的积极性。另一方面,思政课教师要以科研为助力,总结与推广优秀教改模式。思政课教师所做的研究,特别是与思政课教学改革相关的科研,其实质上是对教学的总结与升华。研究得越深越透,就越容易实现深入浅出,也就越能在较广范围内实现优秀教改模式的推广,增强思政课的适应性。

三、促进大学生与思政课双向适应

大学生对思政课各个方面和环节的看法折射出其对加强和改进思政课建设的期待。因此提升思政课的适应能力,不仅要在以高质量供给适应和创造新需求方面进行新的探索实践,还要激发大学生自主学习思政课的积极性,主动适应高校思政课。

其一,深入开展大学生思想状况调查研究。高校思政课就是要通过马克思主义理论的熏陶和引导,培育大学生的世界观,从而促进大学生的精神成长。这就需要思政课教师研究大学生的思想和心理状况,研究人的精神成长和发展规律,实现思政课与大学生的有效对接。首先,要利用课堂教学这一主渠道。思政课教师要对学生关心和困惑的问题进行分类剖析,逐一解答。其次,丰富调研主题,融入大数据新技术。当前,大学生思想状况调研的内容和主题一般比较单一宏大,无法展现新时代大学生思想状况的全景;同时传统的调研方法局限性逐渐凸显,让大学生对"千篇一律"的问卷产生厌烦情绪。需要认识到,思政课的许多"大问题"都可以采取"小切口"导入，对大学生思想状况的调研也是如此。最后，构建大学生思想状况动态掌控机制。通过顶层设计、组建专门调研队伍、提供物质保障，形成大学生思想动态信息收集和反馈体系，实现调研常态化。

其二，以内生动力激发大学生主动适应思政课。高校思政课存在不适应的情况，部分原因是思政课的属性是政治课兼理论课，大学生掌握起来有困难，导致大学生的内在学习动力不强。当前，思政课的思想性、理论性和亲和力、针对性不断增强。作为教育对象的大学生也应主动适应思政课，增强自主学习意识，以自我成长成才需要为内生动力，在思政课堂中"用心学"。一方面，大学生要提升对思政课的重视程度。习近平总书记指出："各学科专业的学生、不同学段的学生都要学习马克思主义理论，掌握科学的世界观和方法论，为学生一生成长奠定科学的思想基础。"[1] 在学习态度上，大学生要全身心投入地学习思政课，不能在课堂中三心二意，要将思政课与专业课放在同等重要的位置。在学习方法上，从点滴学起，臻于至善。另一方面，结合个人专业和兴趣，讲好"我心中的思政课"。在高校思政课中"找自己"，可以有效激发大学生主动参与思政课的热情。不同学科专业的大学生，在思政课教师的理论讲授中，勤于思考马克思主义理论对个人专业和兴趣的启发点与契合点，并将其融入课堂展示，从自身角度讲好"我心中的思政课"，可以使思政课变得更饱满、更有趣。

其三，以使命担当鼓舞大学生"用心悟"思政课。习近平总书记指出："老师要用心教，学生要用心悟，达到沟通心灵、启智润心、激扬

---

① 《习近平关于青少年和共青团工作论述摘编》，中央文献出版社 2017 年版，第38 页。

斗志。"① 一方面,大学生在"用心学"的基础上"用心悟"是坚定理想信念的要求。从中华文化的视角来看,"悟"超出"理解""思考"等范畴,具有更深的含义。习近平总书记也要求大学生"在学思践悟中坚定理想信念"②,因而大学生在学习思政课时需要主动适应,不断体悟和领悟。另一方面,大学生要增强不忘初心、牢记使命的主动性和自觉性。大学生要带着责任使命和感情学习思政课,深刻体悟党的执政使命和根本宗旨;同时主动读原著、学原文、悟原理,在掌握基本概念、关键论断的基础上,要进一步在原著中找到精神滋养,并深刻体悟习近平新时代中国特色社会主义思想对丰富和发展马克思主义作出的原创性贡献。

四、明确思政课适应性评价标准

思政课评价不仅关乎对课程本身的认知和评价,而且关乎课程改革和发展的方向。适应性作为思政课系统协调与平衡的标志,明确其评价标准是思政课改革创新的内在要求。思政课适应性本质上要解决各要素之间的匹配度问题,其评价需遵循"科学有效,改进结果评价,强化过程评价,探索增值评价,健全综合评价"③ 的原则。

其一,坚持把立德树人成效作为结果评价标准。结果评价是指通过各种形式了解掌握高校思政课的开展及效果等整体情况。对思政课适应性结果的评价,就是要评价是否做到了以习近平新时代中国特色社会主义思想武装大学生头脑,实现立德树人,这是高校思政课结果

---

① 《大思政课,总书记心中的一件大事》,《人民日报》2022 年 5 月 22 日。
② 习近平:《论党的青年工作》,中央文献出版社 2022 年版,第 139 页。
③ 余双好、张琪如:《高校思想政治理论课课程评价的特点及改革路径》,《思想理论教育》2021 年第 3 期。

评价最为重要的时代内涵。高校思政课是落实立德树人根本任务的关键课程，不同于对思政课教学过程运行状况的评价，立德树人要求站在整体的角度来把握思政课最终的适应性结果。因此，必须把握两个重点：一是重点监测思政课是否着力培养担当民族复兴大任的时代新人，发挥好哲学社会科学育人功能；二是从思政课对党和国家事业的保障作用角度来说，重点监测思政课是否满足了党和国家事业及人民发展需要。

其二，过程评价对标思政课建设标准。过程评价更多关注高校思政课适应性各要素的互动过程和动态发展，而非仅就思政课当前的适应状态进行静止性评价。思政课适应性的各要素各具特定功能，且在时空上具有协调性。而这种协调程度越高，思政课的适应能力就会越强。《高等学校思想政治理论课建设标准（2021 年本）》明确了思政课教学方面的要求，这为衡量思政课在过程中的适应性提供了重要指导。落实思政课的教学过程管理标准，要求对教学内容和质量进行监控。在课程设置方面，围绕"四史"、中华优秀传统文化等设定课程模块，积极创造条件开设思政选修课。在课堂教学方面，要求使用最新版马克思主义理论研究和建设工程重点教材。思政课实践教学要实现全覆盖，同时要向外拓展实践教学基地。坚持过程评价，有助于多角度、全过程地评价思政课的适应性情况，实事求是地反映思政课适应性水平。

其三，坚持结果评价与过程评价相统一。高校思政课适应性体现的并不是即时的教学效果，而是着眼于大学生的长远发展和铸魂育人。然而，思政课立德树人成果的呈现通常具有一定的滞后性，需要一个逐步显现和不断提高的过程，这就决定了对高校思政课适应性的评价应坚持结果评价与过程评价相结合。把思政课教学短期的即时效果和关乎大学生成长成才的长期效果结合起来，即不是对思政课投入多少的数字化描述，而是关注大学生在一段时间内思想道德素质的"增量"，实现由"数量导向"向"价值导向"的转变。如此能够让思政课教师真正回归教育初心，不断提升人才培养质量，从而更好地增强思政课适应性。

本 章 结 语

高校思政课是帮助大学生扣好人生第一粒扣子的关键课程，是系统培养青年大学生思想政治素养和道德品质的主渠道、主阵地。同时，高校思政课是面向全体学生、覆盖面最广的课程，对教育目标的落实和实现有着全局性的影响。适应性是主体在适应自身与环境的过程与结果中所体现的特性。新时代，面对国际国内形势的变化、大学生思想行为特征的转变和思政课改革创新的新环境，高校思政课增强适应性是应然之义。

在高校思政课的适应性中，目标衔接是前提，规定了高校思政课的方向，对其他构成要件起着导向、激励、保证的作用。教师主导是关键，思政课教师是高校思想政治工作的中坚力量，其通过运用和调控各种思政课的适应性资源，对其他思政课适应性构成要件起着主导作用。把脉学生是中心，大学生是高校思政课教育教学的出发点、着眼点和着力点，提升高校思政课客体适应性在于尽可能地满足大学生思想道德素质发展和综合素质全面提升的需要。教师主导和把脉学生构成思政课适应性最关键、最核心的辩证统一体。介体调适是纽带，始终为目标适应服务，思政课适应性是潜隐的，必须通过介体这一外化的形式才能够更加深入认识。环境顺应是保障，环境是影响思政课立德树人效果及大学生思想与行为变化的外部空间。高校思政课环境适应与其他适应性要件相互联系、相互作用，共同发生变化。研究新时代高校思政课的适应图景、适应尺度和适应优化策略可以为高校思政课建设提供有益思考。要重视思政课适应性的理论剖析，并在实践中不断增强高校思政课适应性，从而全面深入地贯彻落实立德树人的根本任务和要求。

第四章　大学生关键能力与高校教师人才
　　　　培养能力的愿景互视与衔接机制

在深化教育体制机制改革新阶段，"大思政课"改革创新背景之下，在大学生关键能力和高校教师人才培养能力愿景互视基础上二者能力提升实践成为我国教育改革的重要路向。高校教师对大学生关键能力愿景包括认知能力、合作能力、创新能力和职业能力等。大学生对高校教师人才培养能力愿景包括理想信念能力、德育能力、教学学术能力等。推进"两类主体能力"的有效衔接和匹配，需要建立二者衔接的动力机制、保障机制、管理机制和评价机制。

新时代对人才培养工作提出了新要求，学生和教师能力建设将成为我国深化教育体制机制改革的主旋律。《关于深化教育体制机制改革的意见》明确提出要"强化学生关键能力培养"，"全面提高人才培养能力"。[①] 人才培养是塑造人的工作，具有双向性，大学生关键能力与高校教师人才培养能力不能孤立发展。基于此，要紧紧围绕教师和学生两个视角，分析高校教师对大学生关键能力的愿景、大学生对高校教师人

---

① 《中办国办印发〈关于深化教育体制机制改革的意见〉》，《人民日报》2017 年9 月25 日。

才培养能力的愿景，以及通过建立机制推进学生关键能力与教师人才培养能力有效衔接。

第一节 高校教师对大学生关键能力的愿景

20世纪70年代，德国教育界就已提出"关键能力"的概念，主要是指与具体的专业技能不相关联的知识和能力，包括能够根据不同职责和场合迅速做出反应判断和采取相应措施的能力。[①]1997年至2002年"经济合作与发展组织"（OECD）在实施大规模跨国研究计划后，将关键能力完整定义为：是个人实现自我、终身发展、融入主流社会和充分就业所必需的知识、技能及态度之集合，它们具有可迁移、多样化的功能。[②]任何能力都是在特定政策环境、人际关系与教育境遇中生成的，时代背景不同，改革形势不同，社会对学生关键能力的理解也不同。[③]在新时代，大学生的关键能力可被理解为超越某一特定学科或专业领域，具有可迁移性和普适性，对学生未来发展起关键性作用的通用能力。它不是一成不变的某种技能，也不是孤立的某一种能力，而是多种跨界性能力的集合体。实现中华民族伟大复兴所需要的人才不能仅仅具备单一的专业技能，而应当具备应对时代挑战的关键能力，成为担当民族复兴大任的时代新人。在这一意义上，党中央、国务院

---

① 陈仲敏：《德国关键能力理念与高校人才培养模式》，《中国高校科技》2017年第3期。

② Dominique Simone Rychen、Laura Hersh Salganik、滕梅芳、盛群力：《勾勒关键能力，打造优质生活——OECD关键能力框架概述》，《远程教育杂志》2007年第5期。

③ 杨洁：《能力本位：当代教师专业标准建设的基石》，《教育研究》2014年第10期。

将学生"四大关键能力",即认知能力、合作能力、创新能力与职业能力写入《关于深化教育体制机制改革的意见》,是顺应新知识经济时代的自觉响应。

党和国家制定颁布的教育方针政策给教师指明了人才培养的方向,应成为教师教育工作的基本遵循。《关于深化教育体制机制改革的意见》具有鲜明时代特征,不仅明确了我国教育改革的指导思想、方针原则、目标任务和具体要求等,也为新时代学生能力建设勾画了蓝图。因此,学生的"四大关键能力"既是培养目标,也是教师对学生关键能力的具体期待;既契合了新形势需要,又发展了"能力为重、全面发展"的内涵和外延。[①] 高校教师在人才培养过程中,应坚持并落实《关于深化教育体制机制改革的意见》提出的一系列强化学生关键能力的具体措施,大学生"四大关键能力"的内涵尤为值得关注,这体现了高校教师的工作"愿景",也是人才培养的着力点和归处。

一、大学生认知能力

认知,在《现代汉语词典》中的解释是"认识和感知",简言之,就是人脑对客观世界予以反应基础上的信息加工、储存和提取能力。但对于接受高等教育的大学生来说,认知能力不只是简单的浅层次的认识或感知某个事物,而是更为高级的认知素养,主要涉及思维能力、表达能力、自主发展能力。[②] 这也是现在国家所需要的人才应具备的基本能力。首先,大学生只有具备良好的思维能力才能够进行独立思考、逻辑

---

① 巫志刚:《教育体制机制改革的新航图》,《中国教育报》2017 年 9 月 28 日。

② 褚宏启:《解读关键能力》,《中小学管理》2017 年第 11 期。

推理以及对信息的再加工，用良好的思维活动代替传统机械性的背诵记忆，对新知识产生自己的理解和看法。其次，良好的语言表达和过硬文字写作素养也是大学生认知能力提升的重要方面，这是大学生将信息由输入转变为输出的一个过程。第三，事物总是不断变化和发展的，在信息时代，培养大学生终身学习的意识和能力尤为关键，每天的知识信息不断变化更新，这就需要大学生具有不断学习和接纳新知识的能力，才能跟上时代前行的脚步。高校教师要将培养大学生以多维分析与综合、审视与批判为核心的思维能力，以对信息理解与转化、展示与沟通为核心的表达能力，以问题试错与反思、突破与创新为核心的自主发展能力作为立基点，加强培养大学生认知能力。

二、大学生合作能力

合作能力实质上是一种包含了表达、争辩、倾听和配合的沟通协调能力。大学生合作能力是大学生在学习、生活或社会关系中，为追求共同的目标，享受共同活动带来的快乐，或为了加深彼此的关系，以一种协调的方式一起行动而表现出来的各种个性特征的总和。[①] 其包含了合作意识、合作品质和合作技能。首先，大学生积极的合作意识是开展合作活动的前提，合作意识是一种团结协作精神的表现，大学生要具有通过团队利益来实现个人利益的积极协作精神，在与团队合作中，协作互助，奉献自己。其次，良好的合作品质是促成活动目标顺利完成的保障，合作时要尊重和信任合作伙伴，产生意见分歧时要学会理解对方，并具有强烈责任感。第三，在合作关系中实现目标也需要一定的协作技

---

① 李斐斐：《大学生合作能力培养研究》，南京航空航天大学，学位论文，2009 年。

能，要能够流畅表达自己的观点，理解他人观点，并组织协调团队意见，良好的语言表达能力和理解能力以及一定的组织管理能力都是促成团队合作的关键力量。高校教师要勇于打破课堂沉默，改变教师唱独角戏的现状，不仅要精心设计教师"教"的活动，还要创新开发学生"学"与"用"的活动，在为师生合作、生生合作搭建平台、增进机会的前提下，激发大学生合作意识，培养大学生良好的合作品质，在实践中促进他们合作技能的提升，不断强化大学生的合作能力。

三、大学生创新能力

创新能力是由多种因素共同作用而形成的复合能力，是大学生各方面素质的综合展现。对大学生创新能力的培养要从多方面进行，可以把培养大学生创新能力分为两个层面：创新思维层面和创新人格层面。首先，创新思维是泛指个人创造新事物、新概念、新产品的能力，是人类创造性的操作化、具体化和物质化。[1]培养大学生的创新思维首先要激发他们的创新兴趣和创新意识，使其具备将聚合思维和发散思维结合，将辩证思维和批判思维结合，多方面思考问题的能力。其次，创新人格通常表现为一个人具有创造新事物的个性特征。在创新人格层面培养大学生的意志力、观察力、社会责任感、乐观、好奇心等个性特征，对大学生创新能力的提升有非常大的助力。然而，创新能力培养是一个复杂工程，无论是短期视角的创新思维开发，还是长远视角的创新人格养成，都离不开当下视角的创新实践。高校教师不能仅从某一单个方面着

---

① 岳晓东、龚放：《创新思维的形成与创新人才的培养》，《教育研究》1999 年第10 期。

手，而应从大学生的思维、人格、知识、技能等多维度出发，根据自身所从事岗位工作和所具专业特长，参与高校大学生创新能力提升体系建设，在开展课程创新性教学、指导和支持创新型社团发展、组织师生科创实践活动、建设大学生创新创业基地、协助培养拔尖创新型专业人才等方面尽己所长，引导大学生大胆探索，积极创新，提升综合创新能力。

四、大学生职业能力

职业是人类在实践劳动过程中所形成的一种社会分工，劳动者的职业能力体现的是一种长期职业发展所需要具备的素质和技能。[①] 大学生职业能力是大学生在毕业后的社会分工活动中充分发挥个人价值，胜任工作岗位并以此创造社会财富、获得合理报酬所应当具备的各项素质。大学生应具备的职业能力包含职业精神和实践能力两个方面。其一，作为新时代社会主义建设者和接班人，大学生在未来从事任何职业都应具有爱岗敬业、精益求精的职业精神，树立"服务社会"的信念，这也是大学生成为职业人所应具有的基本职业素质。具有良好的职业精神能帮助大学生在未来职业岗位不断创造个人价值和社会价值。其二，较强的动手能力与操作技能是大学生职业能力的重要组成和衡量。具备较强科学方法运用能力和技能操作能力的务实型人才，能够用大胆探索的精神去迎接未来职业生涯中瞬息万变的实践挑战。提高大学生职业能力是新时代经济社会发展对高校人才培养的新要求，同时也是高校解决毕业生

[①] 于永华：《培养大学生职业能力的理论与实践探索》，《高校教育管理》2010 年第 1 期。

就业难问题的重要途径。

高校教师在充分理解"四大关键能力"内涵的基础上,对大学生关键能力的培养必须更加强调其综合性和整体性,其价值特征体现在把认知能力作为大学生关键能力发展的基础,以培养合作能力为学生关键能力发展的中心,以培养大学生创新能力为导向,以强化大学生职业能力为目标,"四大关键能力"四管齐下。

第二节　大学生对教师人才培养能力的愿景

培养大学生关键能力,首先需要教师具有合格的"人才培养能力"。随着高等教育体制机制改革的深化,高等院校内涵式发展任务艰巨,人才培养面临新的挑战,这要求高校教师要不断提高人才培养能力。何谓人才培养能力?高校教师人才培养能力可以理解为高校教师根据先进理念的指引,在实践情景中灵活运用专业智能,发挥主体性力量,顺利完成人才培养任务的系列化能力集合。高校教师要完成人才培养这一艰巨任务,能力的构建是第一步,这也是培养未来能适应全球化发展高素质人才的关键一环。教师培养能力在改善学生学习和提高效能方面总是被放在核心位置。

"人才培养,关键在教师。"① 大学生期待的有培养能力的"好老师"或是大学生对"好教师"人才培养能力的愿景是什么呢?习近平总书记在与北京师范大学师生代表座谈时发表重要讲话,用"四有"标准定义了"好老师",对广大教师提出明确指示与要求,要求广大教师要做有

---

① 习近平:《在北京大学师生座谈会上的讲话》,《人民日报》2018 年 5 月 3 日。

理想信念、有道德情操、有扎实学识、有仁爱之心的好老师。[①]2018 年
5 月，在北京大学师生座谈会上，习近平总书记再一次强调了好老师的
"四有"标准。"四有"标准也无疑是规划我国教师能力发展方向的科学
标准，充分体现广大学生对"好老师"能力建设的愿景。从学生的视角
来考察与发展教师的人才培养能力，可以把高校教师人才培养能力总结
归纳为：理想信念能力、德育能力、教学学术能力和沟通能力。这四大
人才培养能力，是高校教师能否成为大学生心目中"好老师"的首要指
标，高校教师四大人才培养能力的提高对学校人才培养工作有着重大
意义。

一、高校教师理想信念能力

理想信念是胜利之"钥"、精神之"钙"。理想指引人生方向，信念
决定事业成败。没有理想信念，就会导致精神上"缺钙"。[②]心有大我、
至诚报国的理想信念被习近平总书记放在了教育家精神内涵的首位。理
想信念能力是高校教师端正自己政治方向、提高思想认识、激发教育事
业热情的综合素质。首先，教师队伍必须明确正确的政治方向，始终向
党忠党，坚信马克思主义，坚持共产主义理想，明确自身肩负的职责和
使命。其次，高校教师要能够不断提高自己的思想认识，在思想上保持
坚定性和纯洁性，良好的思想政治素质对大学生树立正确的理想信念会
产生积极作用。最后，高校教师要能够自我激发教育热情，忠诚于党和
人民的教育事业。只有不断强化理想信念，高校教师才能准确地向学生

---

① 习近平：《做党和人民满意的好老师——同北京师范大学师生代表座谈时的讲
话》，《人民日报》2014 年 9 月 10 日。

② 习近平：《在同各界优秀青年代表座谈时的讲话》，《人民日报》2013 年 5 月 5 日。

传达正确的政治观念和政治思想，用实际行动倡导和弘扬社会主义核心价值观，引导大学生树立正确的世界观、人生观、价值观，激发学生树立远大理想，决心为祖国作贡献。

二、高校教师德育能力

"人无德不立，育人的根本在于立德。"[①] 培养教师德育能力是教师专业发展的重要内容，也是保证人才培养质量的关键与核心所在。教师德育能力，指教师控制和引导能够影响学生思想品德发展的因素，帮助学生朝向既定德育目标发展的能力。所谓影响学生思想品德发展的因素，从教师角度而言，即习近平总书记强调的"六个要"，包括政治要强、情怀要深、思维要新、视野要广、自律要严、人格要正。[②] 高校教师的德育能力是关系到大学生最终能否成为社会发展所需人才至关重要的因素。高校教师的德育能力包括教师的自我认识能力和实际操作能力。育人先育己，要提高德育能力，高校教师必须自己先成为一个有道德情操的人。如果高校教师自身缺乏应有的道德素养和优良品行，就没有从事德育工作的资格，一个没有道德情操的高校教师容易把大学生引入歧途。建立一个正确明晰的道德思想观念并不断地自我完善，是高校教师德育能力提高的先决条件，高校教师要时刻审视自己的行为，让自己的模范行为潜移默化地影响大学生。高校教师在自身有清晰的道德情操认知基础上还必须明白应该教授给学生些什么，以及怎么教的问题，

---

① 习近平:《在北京大学师生座谈会上的讲话》,《人民日报》2018 年 5 月 3 日。

② 《习近平主持召开学校思想政治理论课教师座谈会强调　用新时代中国特色社会主义思想铸魂育人　贯彻党的教育方针落实立德树人根本任务》,《人民日报》2019 年 3 月 19 日。

这就需要高校教师具有收集德育素材，选择合适的德育内容的能力。高校教师挑选的德育素材对大学生要更加有针对性，与此同时，高校教师还要掌握并灵活运用展示案例、自我批评、谈话等多种德育方法，给大学生积极正面的能量传输，增强德育实效性。

三、高校教师教学学术能力

教学学术能力是建立在科教融合基础上的概念，主要是指大学教师以学生为中心，把大学的教学过程作为研究的对象，通过课程开发和教学设计，实现课程知识有效传播的能力。[①] 其中包括教学能力和学术能力。学术能力是教学能力的基础，教学能力又是学术能力的深化。高校教师既是一名研究者，又是一名知识传播者，这就要求教师不断研究和创新知识体系，并把最新的研究成果和前沿知识通过课堂有效地授予学生。高校教师教学学术能力的提高要求教师有扎实、系统、规范的学术理论知识，否则便不能高效地设计和开发课程。与此同时，高校教师必须关注教学本身，像研究本学科专门化知识一样，认真研究本学科专门化知识的传播，不断反思课程、学习和教学的本质，用探究的精神来理解教学情境。[②] 教学和研究是高校两个最主要职能，二者又存在互惠互存关系。如果高校教师只是一味地科研，不注重教学工作，那么科研成果不能顺利传达给学生，这使科研背离了人才培养的根本；若是高校教师只教学不科研，则意味着缺乏对教学的深度思考和与时俱进的创新设计，教学内容、形式与载体则难以跟上信息化时代的发展，导致无法满

---

① 周萍、陈红：《大学教师教学学术能力的建构》，《高校教育管理》2015 年第 6 期。

② 周光礼、马海泉：《教学学术能力：大学教师发展与评价的新框架》，《教育研究》2013 年第 8 期。

足学生成长需求和学校人才培养需求。因此，提高高校教师教学学术能力是提高人才培养质量的有效措施。

四、高校教师互动沟通能力

高校教师的互动沟通能力是其所具有的创造师生间相互信任、相互理解和相互尊重的融洽、和谐人际关系的能力。人才培养工作顺利进行是建立在师生之间互相的信任、理解和尊重基础上的，师生之间建立良好的关系对提高课堂教学效果，营造良好教学氛围有很大帮助。沟通能力较强的高校教师，能够充分点燃学生的学习热情，激发学生主动学习，从而更容易实现培养目标。提高高校教师的互动沟通能力主要从仁爱之心和沟通策略两个方面努力。首先，乐教爱生、甘于奉献的仁爱之心是根本，高校教师需胸怀铸魂育人的大爱情怀，用一颗真诚的心对待学生、关爱学生，给予学生充分的信任，打破传统死板严肃的课堂氛围，创造更多与学生交流的机会，吸引学生主动与老师探讨问题；其次，善于运用沟通策略是关键，在和学生交流的过程中学会倾听，通过充分共情走进学生内心，在学术问题上尊重学生观点，在教育教学中准确把握沟通时机，积极创造师生之间和谐融洽的人际关系。高校教师应通过充分的尊重和理解、积极的表达、倾听的艺术、良好的共情、清晰的反馈，成为学生的良师益友，促进教育教学目标的实现。

高校教师的四个人才培养能力相互作用，相互影响。以坚定的理想信念为导向，不断增进德育能力，通过科研促进教学，通过教学传播科研成果，用一颗仁爱之心对待每一位大学生，这是高校学子期待的"好老师"应有的特质，也是高校教师应该努力的方向。大学必须肩负起新时代使命，重视提升教师人才培养能力，把理想信念能力作为精神先导，把德育能力作为枢纽环节，把教学学术能力作为根基，把互动沟通能力作为动力，充分发挥教师在人才培养过程中的主导作用。

第三节 大学生关键能力与教师人才培养能力的衔接机制

"机制"可以理解为一个工作系统的组织或部分之间各要素相互作用和协调以更好地发挥整体作用的具体运行方式。高校人才培养是一个师生双向互动且不可逆过程，正因如此，教师和学生相互影响，大学生与高校教师的能力建设不能处于隔绝状态。高校教师人才培养能力的不断提升会力促大学生关键能力的发展，大学生关键能力的强化也会激励高校教师进一步提高人才培养能力。质言之，大学生关键能力和高校教师人才培养能力的紧密联系和有效衔接，是"两个能力"共同迈上新台阶的客观要求。在此意义上，应建立有效衔接机制，以期实现大学生关键能力和教师人才培养能力同向同行、同步同调、同频共振。

一、动力机制

动力机制就是指通过激发某一因素以协调系统内各个部分发挥作用并推动事物运动、发展和变化的具体运行方式。动力机制包括内在动力因素和外部动力因素两个方面，其中，内在动力源于需求，外部动力又由政令驱动力和外部激励力所构成。首先，激发大学生和教师的能力衔接意识及需求是促进"两个能力"有效衔接的内在动力。思想是行动的先导,要先在思想上认识到大学生关键能力和教师人才培养能力衔接的重要性,才能在行动上做出回应。大学生关键能力和教师人才培养能力的有效衔接关键在于激发大学生与教师的主动衔接意识,只有大学生和教师树立起能力衔接观念,学生有意识地在教师的引导下强化自身关键能力,教师尊重学生主体地位,由以学科教学为中心向以学生为中心转型来提升自己的人才培养能力,才能从根本上达成两个能力的有效衔接。其次,国家政令是促进"两个能力"有效衔接的外部驱动力。"两个能力"的衔接需要源自国家对高质量人才的需求以及对人才培养的极大重视。国家和社会发展对人才的需求促成了大学生关键能力和教师人才培养能力有效衔接的动机。党中央高度重视人才培养问题,习近平总书记在多个场合强调培养人才的重要性,提出要深化人才培养模式、教学内容及方式方法等方面的改革。为此,国家出台一系列政策制度指向大学生关键能力和教师人才培养能力的提升及二者间的双向反馈。第三,高校应建立内部激励机制,根据学校实际情况,分别从人才培育和教师培养两个体系着手,寻找大学生关键能力和教师人才培养能力二者有效衔接的契合点,并提供相应文化引导和现实激励。

二、保障机制

保障机制是为工作系统提供物质和精神条件使组织之间相互作用的过程和方式。推进大学生关键能力与高校教师人才培养能力有效衔接的保障机制,包括制度保障和物质保障。在制度保障层面:首先,政府部门应该出台相关保障大学生关键能力与教师人才培养能力有效衔接的政策文件，完善制度体系；其次，高校要继续深化教学改革，如强化科研与教学一体化建设，鼓励教师最新科研成果以课程形式转化为教学内容等[①]，以此增强学生和教师的互动性，使得学生关键能力和教师人才培养能力在课堂上就能得以提升；最后，完善教育督导体制，促使大学生和教师在监督下协同提升关键能力和人才培养能力。在物质保障层面，各高校应根据自己的实际情况建立多元投入机制。例如，促进大学生与教师有效沟通为导向实施教学空间改造，为学生和教师提供更为优质的教学互动平台；打造师生互动研讨空间；加大教学资源的投入，促使科研资源向教学资源转化；同时优化公共教学场所和图书馆环境，尽可能给予学生和教师所需的学习资源。

三、管理机制

管理机制是指管理要素之间相互耦合、相互作用、相互联系的制约协同和功能体系。[②] 高等教育内外部环境的变化对高校人才培养工作发起多方面的挑战，建立科学规范的能力管理调控机制是迎接这些挑战，提升大学生关键能力和教师人才培养能力衔接的重要举措。首先，高校领导班子应该担起管理能力衔接工作的重任，凝聚各方力量，建立由校领导及学生会、校务处、校团委、系部负责人及辅导员组成的大学生关键能力和教师人才培养能力有机衔接的管理决策委员会。其次，委员会要发挥组织优势和团队精神，共同研究商议衔接计划的重大问题和方

[①]　张士强：《提高人才培养能力：地方高水平大学建设之要义》，《中国高教研究》2017年第11期。

[②]　孙晓峰：《高校德育管理机制构建及运行中的对策研究》，合肥工业大学，学位论文，2011年。

案，并进行有效的目标管理。最后，委员会需明确各个子部门和教师的短、中、长期工作计划，以学生关键能力培养为目标，在培养学生过程中加速提升教师的人才培养能力。高校通过建立起相互制约的能力衔接工作责任制体系，以期增强管理的有效性和可实施性，稳步推进大学生关键能力和教师人才培养能力的衔接工作。

四、评价机制

"评价"从其本质上讲是判断价值、衡量目标实现程度的过程。这里的评价机制是指对大学生关键能力和教师人才培养能力的衔接程度进行衡量和判断的具体运行方式。评价和反馈是掌握大学生关键能力和教师人才培养能力衔接动态、调整教学方案、更新学科建设、保证人才培养目标实现的重要环节。建立能力评价机制对检查、评估、鉴定和诊断"两个能力"衔接所取得的实践效果有十分重大的意义。高校可根据自身实际情况分析制定多元化的评价方案，采取定性和定量相结合的考核模式，创新评价方式，如师师互评、生生互评、师生互评等。一方面，衡量"两个能力"衔接情况可采取问卷抽样调查形式，不定期对学生和教师下发问卷进行调查；另一方面，可以通过建立能力标准模型的方式进行定量的数据分析考察；此外，还可以模拟情景评估，设计逼真的模拟场景和模拟工作情景，运用相关系列科学方法对学生和教师的能力衔接情况进行综合性考察。信息的反馈是评价机制中必不可少的一项，将评价结果及时反馈给相关部门并下达给教师和学生，在评价结果中发现问题，及时寻找对策。及时反馈信息有利于不断增强系统自我调节、自我完善的能力，更好地达成人才培养目标。

本章结语

学生关键能力与教师人才培养能力存在必然联系，二者相互作用的过程即是人才培养目标和教师职业生涯发展目标实现的过程。然而就高校的核心职能来看，二者之间在逻辑上亦有主次之分和前后因果链接。其中，学生关键能力培养在前，是目标和结果；教师人才培养能力在后，是手段和原因。因为教师人才培养能力的提升，归根结底是为了学生在教育教学活动中形塑关键能力，这要求教师具备扎实的学科专业知识，掌握先进的教育理念和教学技巧，能够根据学生个体差异因材施教，以赤诚之心、奉献之心、仁爱之心投入工作，激发学生学习兴趣和潜能，帮助学生实现关键能力的突破。与此同时，高校唯有建立良好的动力机制、保障机制、管理机制和评价机制，教师才能在关注和培养学生的关键能力过程中，使自身的教育理念日渐澄清、教学策略方法日益优化、师生关系渐臻融洽，这一过程既是教师人才培养能力提升的过程，也是教师自身职业能力不断发展的过程。在这一过程中，教师和学生是不可分割的整体，二者相互依赖、共同发展，只有当学生关键能力和教师人才培养能力都得到充分提升并形成良性循环时，才能实现教育效益的最大化。

第五章　高校课程思政建设的成就、困境与出路

　　课程思政建设是深化学校思想政治理论课改革创新的内在要求，是构建课程育人质量提升体系的重要举措。课程思政建设自推进以来，在观念认识、课程体系、实践探索等方面取得了一定成就，但部分教师思政教育能力"有短板"、某些学生观念认识"有误区"、各门课程与思政课程统筹推进"不到位"等困境依然存在，阻碍了课程思政建设。当前我们应该坚持问题导向，抓好教师队伍"主力军"、激活学生主体自觉性、建立健全组织实施和条件保障体系，以期形成全员参与、多方协同的课程思政建设新格局。

　　高校既是高素质人才培养的主渠道，又是社会主义核心价值观建设的主阵地，"建设高水平人才培养体系，必须将思想政治工作体系贯通其中，必须抓好课程思政建设"[①]。何谓课程思政？简言之，高校教学计划内的每门课程都必须发挥育人作用，在课程目标上都应与思想政治理论课立德树人这一育人初衷相契合。所有教师队伍都是育人"主力军"，所

　　[①]　《教育部关于印发〈高等学校课程思政建设指导纲要〉的通知》，2020 年 5 月 28 日，见 https://www.gov.cn/zhengce/zhengceku/2020-06-06/content_5517606.htm。

104

有课程都是育人"主战场"，所有课堂教学都是育人"主渠道"。① 课程
思政建设的主要工作目标是深入发掘各类课程中隐含的思想政治教育基
因，形成专业课教师与思政课教师同步共调、专业课程与思政课程同频
共振的教育合力，构建立德树人全覆盖、无死角的"大思政"格局。目
前许多高校正在如火如荼地开展课程思政探索，形成了课程思政建设全
面推进的良好局面，但依然存在需继续改进和完善之处。因此总结有益
探索与成就，分析其薄弱之处，思考其解决指导之道尤为重要和紧迫。

第一节　高校课程思政建设的成就

课程思政建设始于课程育人体系的统筹推进。自"协同育人"的理
念提出以来，各高校争先推进课程思政建设，有效整合多元主体的育人
力量，发挥每门课程的育人作用，取得了一些重要成就。主要表现在广
大教师对"课程思政"的认识从模糊到明晰；育人体系从原来单一的思
政课程转向复合的"课程思政"，更强调协同性；课程思政的实践从局
部探索到全国范围内普遍推广，涌现了一批示范性课程。这些成就为课
程思政大格局从点到面的扩散提供了原始动力。

一、从模糊到明晰的认识深化

思想政治理论课在高校思想政治工作中发挥着领航作用，"其他各

---

① 《教育部关于印发〈高等学校课程思政建设指导纲要〉的通知》，2020 年 5 月
28 日，见 https://www.gov.cn/zhengce/zhengceku/2020-06/06/content_5517606.htm。

门课都要守好一段渠、种好责任田"①,形成专业课教学与思想政治理论课教学紧密结合、同向同行的育人格局。在"课程思政"概念提出之初,许多专业课教师在观念认识上存在曲解和疑虑,主要表现为两种倾向:其一是将"守渠"固化,认为课程思政旨在强调思政课程的引领作用,专业课则侧重知识传授,无须关照知识背后的价值和伦理道德。专业课教师的职责就是守好"智育"渠,种好"专精"田,承担知识传授和科学研究的任务。这一倾向将"教书育人"这一神圣天职"狭窄化",把思政课与专业课的目标与任务分而治之,忽视了专业课程作为课程思政建设重要推手的载体作用。其二是把"协同"泛化,担忧课程思政就是要在专业课中凸显政治性,用思政课的教学思路和模式来指导专业课,"就是要追求政治正确,做政治宣传和政治说教"②。这显然是对课程思政理念的误读,协同育人并不意味着泛政治化,而是充分发挥高校各类课程的育人功能,实现育人和育才相统一。正如教育部原部长陈宝生所言:"树立正确的思政观,我们不能把思想政治课和专业课割裂开来"③。课程思政建设必须先"破"后"立",打破专业课教师重智育轻德育的思想桎梏,树立协同育人的思政观。课程思政建设既要"掌舵",把握好"社会主义事业的建设者和接班人"这一育人导向;又要"划桨",充分发挥各类课程的育人功能。使"舵"和"桨"紧密协作,形成协同育人的思想政治教育新格局。2020 年教育部印发的《高等学校课程思政建设指导纲要》强调,课程思政建设工作要围绕全面提高人才培养能

---

① 《习近平谈治国理政》第二卷,外文出版社 2017 年版,第 378 页。

② 张正光:《"思政课程"与"课程思政"同向同行的逻辑理路》,《思想政治课研究》2018 年第 4 期。

③ 《教育部部长陈宝生回答中外记者提问》,2018 年 3 月 16 日,见 http://www.xinhuanet.com/politics/2018lh/zb/20180316a/wzsl.htm。

力这个核心点，在全国所有高校、所有学科专业全面推进 ①，促使课程思政的理念入脑入心入行。随着实践探索的不断深入和政策性文件的不断完善，越来越多专业课教师消除了对课程思政的主观偏见，主动探索专业课与思想政治教育的结合点，在课程教学中有机融入思想政治教育元素，对课程思政的认识逐渐明晰，已经深刻意识到课程思政是提升人才培养质量的关键一招。

二、从单一到复合的课程体系规范化

思政课程有着特殊的政治属性。思想领域的斗争是更深层次的、更复杂的、更艰巨的斗争，映射到高校学生意识形态领域就更加纷繁复杂。以往的高校思想政治教育工作主要以思想政治理论课为依托，党委领导下的思想政治工作队伍主要由党员干部、思想政治理论课和哲学社会科学课专任教师、辅导员和班主任等专业人员组成 ②。因此一些制度体系的设计主要围绕这一群体展开，具有很强的专业性和政治性。但思想政治教育面广量大，仅靠专业队伍远远不够。统计数据显示，专业课教师人数约占高校教师群体的 80%，而这一庞大群体并没有被纳入思想政治教育工作体系；或已经纳入，但未能扎实贯彻执行，极大影响了思想政治教育效果。"做好高校思想政治工作，要因事而化、因时而进、因势而新。"③ 现代思想问题的复杂性突破了单一学科的界限，涉及多维度多学科多领域，需要多主体各专业协同回

---

① 《教育部关于印发〈高等学校课程思政建设指导纲要〉的通知》，2020 年 5 月 28 日，见 https://www.gov.cn/zhengce/zhengceku/2020-06/06/content_5517606.htm。

② 郑永廷：《思想政治教育学原理》，高等教育出版社 2016 年版，第 328 页。

③ 《习近平谈治国理政》第二卷，外文出版社 2017 年版，第 378 页。

应，促使高校思想政治教育工作提质增效，"课程思政"的理念由此应运而生。2017 年教育部印发的《高校思想政治工作质量提升工程实施纲要》强调，构建课程育人质量提升体系，要以"课程思政"为目标完善课堂教学改革，从课程设置、教材优化、教学管理等方面规定了课程思政建设的方向，这表明课程育人的制度设计逐渐完善。2020 年出台的《高等学校课程思政建设指导纲要》全面系统地阐述了课程思政建设的战略意义，课程思政建设的目标要求、工作思路、内容体系、教学体系等方面进一步细化，为高校课程思政建设工作指明了前进方向，标志着课程育人体系更加系统、规范。要在知识传授中开展价值塑造以紧扣育人导向，充分运用显性教育与隐性教育打破思想政治教育的"孤岛困境"，构建统筹协调与分类指导相统一的工作体系以形成贯通联动的保障机制，在总结传承的基础上探索创新，开创课程思政与时俱进的良好局面，全面推进育人体系规范化、系统化。

三、从局部试点到全面推广的实践辐散化

"课程思政"概念虽然出现于 2017 年，但其意早已有之。2004 年中共中央、国务院发出的《关于进一步加强和改进大学生思想政治教育的意见》强调，"要把大学生思想政治教育摆在学校各项工作的首位，贯穿于教育教学的全过程"。这是"课程思政"概念的初期表述，指明了高校思想政治工作的改进方向。"课程思政"的实践探索最早见于上海市将德育内容细化落实到各学科的德育目标中，打造了中小学一体化学科德育体系，即始终坚持"学科德育"的核心理念，把德育的核心内容有机分解到每一门课程，充分体现每一门课程的育人功能、每

一位教师的育人责任。①2010 年印发的《国家中长期教育改革和发展规划纲要（2010—2020 年）》明确提出，"构建大中小学有效衔接的德育体系"，随后国务院办公厅开启了"整体规划大中小学德育课程"的教育体制改革试点工作。借此契机，上海市将基础教育领域德育课程建设的经验延展到高校，教育改革的重点从聚焦中小学德育建设转向纵向衔接一体化，构建贯通大中小的德育课程体系。上海市选取部分高校试点，开设《大国方略》等一批"中国系列"课程，形成了思政必修课、"中国系列"思政选修课、多门综合素养课、专业课相互支撑的课程思政体系。各省市充分借鉴上海的成功经验，结合本土特色和校际资源推动"课程思政"普遍化、创新性发展。一方面拓宽教育主体，广泛吸引党员干部、感动中国年度人物、全国劳动模范、业界精英等多元主体走进课程，以亲身经历和直接经验感召高校学生，传递正确的政治导向和价值取向，丰富思政课的授课内容。如广东省首创"思政第一课"的教学模式，由高校党委书记、校长给学生上第一堂思政课。另一方面延伸融合广度，发掘不同地域、不同学校、不同专业的思政基因，找准切入点和结合点开设特色课程、打造精品课程。如北京大学医学部结合自身专业特点，深挖学科课程的育人功能，以培养高尚医德和强化使命担当为旨归，开发出"厚道故事会"等一系列特色医学人文课程。随着课程思政实践的普遍推广，课程思政的外延不断拓展、主体继续延伸、内容逐渐丰富。2020 年出台的《高等学校课程思政建设指导纲要》对所有高校具有指导意义，要求不同层次高校、不同学科专业、不同类型课程在学习已有课程思政建设先进经验和做

---

① 高德毅、宗爱东：《从思政课程到课程思政：从战略高度构建高校思想政治教育课程体系》，《中国高等教育》2017 年第 1 期。

法的同时，全面形成广泛开展课程思政建设的良好氛围。

第二节　高校课程思政建设的困境

课程思政建设是高校思想政治教育改革创新的必要环节，是对传统思政课程的创新性发展。尽管目前高校课程思政建设取得了显著成就，但在教师思政教育能力、学生观念认识、课程统筹推进等方面依然存在困境。如何紧紧围绕国家和地区发展需求，结合各自学校发展定位和人才培养目标，构建全面覆盖、类型丰富、层次递进、相互支撑的课程思政体系，如何最大程度地形成协同效应，仍需要进一步深入研究。

一、部分教师思政教育能力"有短板"，与政策文件要求不匹配

全面推进课程思政建设，教师是关键。[①] 目前，部分专业课教师与学生健康成长指导者和引路人的定位存在差距，甚至在高校思想政治工作中角色缺位，成为推进课程思政建设的重要阻力。主要表现在，首先，育人意识淡薄。专业课授课规模与思政课相比更小更集中，师生互动交流更频繁深入，具有开展课程思政的先天优势。但部分教师对自身育人使命理解不深刻，育人职责落实不到位，将思政课与专业课割裂甚至对立，助长了重工具理性轻价值理性的错误倾向。有数据表明72.7%

---

① 《教育部关于印发〈高等学校课程思政建设指导纲要〉的通知》，2020 年 5 月 28 日，见 https://www.gov.cn/zhengce/zhengceku/2020-06/06/content_5517606.htm。

的专业课教师只单纯从事专业教学，对学生的思想状态和价值观念漠不关心；能在课堂教学中渗透思政元素，将知识传授与思政教育有机融合的专业课教师仅占 28.1%[1]，教师育人意识的缺失制约了课程思政的实效性。其次，思想政治素质缺乏。思想政治素质是开展思想政治教育最重要的素质，关系到教育者能否承担最起码的教育责任。[2] 正确的政治立场、坚定的理想信念、良好的道德品质是思想政治素质的三项重要内容。教育者只有站稳正确的政治立场，坚定理想信念不动摇、坚守职业道德不滑坡，以马克思主义科学理论滋养教书育人初心，才能引导学生在激烈的意识形态交锋中坚定政治信仰，坚定"四个自信"。当前个别教师受西方价值观侵蚀严重，对中国特色社会主义道路的历史必然性存疑；还有个别教师言行相悖、表里不一、课上课下两副面孔，严重损害了教育者的形象，违背了"以德立身、以德立学、以德施教"的育人初衷。再次，育人能力有待提升。专业课教师的数量在高校教师群体中占很大比重，某种程度上专业课教师的能力水平构成了课程思政建设的核心变量[3]，能否适时、适量、适度地在专业知识中融入思政元素是课程思政建设是否具有实效性的关键。课程思政建设要充分利用隐性渠道产生"润物无声"的效果，但部分专业课教师在实际操作中陷入了深度融合的"形式误区"，未能精准把握知识传授与价值引领之间的合理张力，难以突破二者融合的方法困境，生硬地将思政内容"塞进"专业知识，融合效果适得其反。

---

① 莫非：《专业课教师在高校思想政治教育中缺位问题的思考》，《遵义师范学院学报》2010 年第 4 期。

② 郑永廷：《思想政治教育学原理》，高等教育出版社 2016 年版，第 330 页。

③ 何源：《高校专业课教师的课程思政能力表现及其培育路径》，《江苏高教》2019 年第 11 期。

二、某些学生观念认识"有误区",与课程思政推进要求不相称

高校学生是高层次高水平人才培养的最大群体。"青年的价值取向决定了未来整个社会的价值取向,而青年又处在价值观形成和确立的时期,抓好这一时期的价值观养成十分重要。"[①] 可以说谁掌握了高校学生这一"关键群体",谁就掌握了国家的前途和命运。课程思政建设就是要在"拔节孕穗期"精准滴灌,整合各方面的育人资源和育人力量,打破专业课程与思政课程的"育人壁垒",实现立德树人"无死角"。然而,与社会寄予的高度重视和期望不相称的是,部分学生的"思政冷感"给课程思政的有效推进带来很大挑战。从价值取向来看,受个人主义和实用主义的影响,部分学生对汲取知识具有强烈的功利性追求,"精致的利己主义者"泛滥。这一群体仅关注自己的学业成绩与就业前景,对党和国家的大政方针置身事外,把更多时间和精力投入到"给未来发展提供助力"的专业知识上。从知识习得来看,课程思政的成效在于将先进理论内化为学生的价值追求,外化为实际行动。但在实际操作中,思想政治教育具有理想性,大学生个人经验受到其所处的生活环境和遇到的具体事物的影响,往往带有一定的局限性,存在思想政治教育影响与他们从社会生活中获得的经验不一致的现象,容易引起学生的思想困惑和理论怀疑。从时间规划来看,随着社会分工的不断细化,新时代对高校学生专业素质的要求越来越高。高校课程80%是专业课程,学生学习时间的80%用于专业学习[②],

---

① 习近平:《青年要自觉践行社会主义核心价值观——在北京大学师生座谈会上的讲话》,《人民日报》2014年5月5日。

② 《教育部高等教育司负责人就〈高等学校课程思政建设指导纲要〉答记者问》,2020年6月6日,见 http://www.gov.cn/zhengce/2020-06/06/content_5517612.htm。

无形之中在刻苦钻研学术与涵养道德品质、塑造价值观念之间立起了一道"时空围墙"。虽然近年来全国高校思想政治工作会议、学校思想政治理论课教师座谈会等专题会议的召开及相关政策文件的出台凸显了思政课在高校人才培养体系中的引领地位，但调查显示大学生学习思政课的状态不符合大众期待的乐学、努力和认真，67.16%的教师肯定很多学生在课堂上做与课程无关的事情，88.81%的老师认为在课堂上能紧跟教师思路的学生不多。①专业课程的学术压力导致高校学生无暇顾及思想政治素养的提升，部分学生认为思想政治理论对自己的帮助微乎其微、在知识传授中渗透思政内容是隐性"洗脑"和强行"说教"，由此产生的逆反心理严重制约了课程思政的落实。

三、各门课程与思政课程统筹推进"不到位"，同向同行态势尚未完全形成

课程思政要使各类课程与思政课程齐步共调、同向同行，在全国所有高校、所有学科全面推进，但课程思政建设的制度和机制尚不完善。首先，协同育人合力尚未形成。坚持显性教育与隐性教育相统一要充分运用思政课程规范化、系统化的"主干道"优势，发挥显性教育的主导性功能；也要重视课程思政受众广、立体化的主体性隐性教育功能。由于各专业课教师的学科背景、思维方式和授课风格有很大差异，虽然课程思政自推出以来涌现了一批教学名师和精品示范课程，但当前课程思政建设仍存在专业课老师探索无门道、思政课教师引领无对象等困境。

---

① 李海芬、刘培峰、张麓麓、张吉：《基于深度学习的思想政治理论课教与学现状调查研究》，《中国大学教学》2019年第2期。

专业课程中穿插的思想政治内容较为零散化碎片化，与思想政治教育要求的课程育人连贯性和体系化有一定的距离，仍存在各自为政、貌合神离的错位现象。其次，资源整合效率有待提升。专业课程的受众在知识背景、思维方式和价值观念上有很大的差别，要深入梳理专业课教学内容，选取恰当的思政元素有机融入课程教学，以达到润物无声的育人效果。但专业课教师长期专注自身专业领域，政治理论相对匮乏、思政案例供给不足，导致思想政治内容在专业课上的渗透往往带有理论陈旧空洞、内容浮于表面、方法落后单一等局限性。课程思政建设是一个复杂的工程，受到诸多主客观因素的影响，资源整合效率的低下严重制约了教师创造性的发挥。再次，考核激励制度不健全。考核评价在课程思政建设中起着重要的调节和导向作用。高校业绩考评、职务晋升的评价和选拔制度普遍存在重教学科研轻育人成效的现象，一方面，虽然对教师的考核包括学生满意度、社会影响力等多项指标，但其中教学科研成果仍是占主导地位的。专业领域取得突破与自身发展前景具有直接关联性，因此高校教师把大多数时间和精力放在教学科研上，不愿顾及育人质量的提升。另一方面，与教学成绩和科研成果等可量化的指标相比，育人成效的评估难度较大，且存在一定争议，导致"立德树人"成了"软约束"，最终流于形式。

第三节　高校课程思政建设的出路

课程思政建设取得的成就为其深入发展奠定了基础，凸显的一系列问题彰显了未来发展的工作导向。课程思政建设存在的困境和问题，阻碍了思政课改革创新的有效推进。我们应该坚持目标导向和问题导向，突破课程思政建设过程中存在的困境，使协同育人合力有效发挥，课程思政的功能落地落实，不断提高人才培养的质量和水平。

一、抓好教师队伍"主力军"

教师是人类灵魂的工程师，承担着立德树人的神圣使命。树人者必先立德，立德首要的就是要立师德；传道者自己首先要明道、信道，关键要信马克思主义与中国特色社会主义之"道"。要使学生成为社会主义事业的建设者和接班人，教师自己要做马克思主义的忠实信仰者、科学真理的积极倡导者、社会风尚的模范引领者、党领导的坚定拥护者，更好担起学生成长指导者和引路人的责任。紧紧抓好教师队伍"主力军"建设是推动课程思政建设常态化长效化的主要环节。在教育理念上，专业课教师要既做"经师"，又做"人师"，转变和重塑德育与智育分治的教学观念，将价值引领、知识传授与能力培养有机融合于高校课程。深入研究不同专业的育人目标，打通知识传授与价值引领之间的"断点"；挖掘专业知识体系中蕴含的思政基因，找准学科体系与思政内容之间的"焊点"。广大专业课教师要让学科教育回归育人初衷。坚持教书和育人相统一，在课堂教学中遵循知识性与价值性相统一的教育规律，根据受教育者身心发展的基本规律和思想政治教育规律塑造学生思想观念和道德品质。坚持言传和身教相统一，既要"以人格魅力引导学生心灵，以学术造诣开启学生的智慧之门"[①]，又要以扎实的学识征服学生、以慎独自律的行为感召学生。坚持潜心问道和关注社会相统一，科学研究不是"闭门造车"，要站在人民立场上，挖掘科学研究背后的思想价值和精神

---

① 《习近平谈治国理政》第一卷，外文出版社 2018 年版，第 175 页。

内涵，本着求真求实的科学精神探索社会生活的本质和事物发展的客观规律，回应时代提出的命题。坚持学术自由和学术规范相统一，给予学术研究广泛自由的同时要充分认识到"学术研究无禁区、课堂讲授有纪律"。在育人能力上，把课程思政建设的内容和要求纳入师德师风和教学能力的学习培训当中，培养专业课教师挖掘思想政治要素和深度融合德育智育内容的能力。

二、激活学生主体自觉性

课程思政建设关键在教师，但如果没有学生的配合和内化，教育过程就会成为单向灌输的"一言堂"。课程思政的有效推进离不开教育者与受教育者之间良好的主导主动关系，所谓主导是指主要的并且推动全局向某方面发展的事物或方面，主动是指不依赖外力的推动而行动[1]。在马克思看来，"富有的人同时就是需要有完整的人的生命表现的人，在这样的人的身上，他自己的实现表现为内在的必然性、表现为需要"[2]。人的需要总是基于一定生活现状而产生的，总是对一定对象的需要。[3] 然而，实践是不断运动发展的，一个阶段的需要得到满足后，又会产生新的更高层次的需要，正是由于"实践—需要—实践"螺旋式上升的不断运动，才使人上升为自己行为和生存活动的自觉主体[4]。主体的自觉性在思想政治教育中表现为学生为了提高自身的思想政治素

---

① 郑永廷：《思想政治教育学原理》，高等教育出版社 2016 年版，第 197 期。

② 《马克思恩格斯全集》第四十二卷，人民出版社 1979 年版，第 129 页。

③ 裴德海：《马克思"需要理论"的价值向度》，《安徽大学学报》（哲学社会科学版）2009 年第 1 期。

④ 裴德海：《马克思"需要理论"的价值向度》，《安徽大学学报》（哲学社会科学版）2009 年第 1 期。

质，追求更高的人生目标和理想的生存发展境界而充分发挥其主动作用。从态度取向的角度看，学生必须主动配合专业课教师的工作，为课程思政建设献计献策，努力将思政教育内容内化为自己的思想观念和价值准则，外化为行为习惯。在努力追求抱负的过程中塑造理想人格，自觉履行责任和义务，将"小我"融入"大我"，真正把实现个人目标与社会发展需要融为一体，使主体的自觉性得到现实确证。从发展取向上看，课程思政不仅仅是教师的职责，也是学生学习的目标，即大学生要"通过学习，掌握事物发展规律，通晓天下道理，丰富学识，增长见识，塑造品格，努力成为德智体美劳全面发展的社会主义建设者和接班人"①。从满足需求的角度看，课程思政围绕政治认同、家国情怀、文化素养、宪法法治意识、道德修养等内容供给，能够适应学生坚定理想信念的需要，帮助学生形成爱党、爱国、爱社会主义、爱集体、爱人民的精神品质，帮助学生了解世情、国情、党情、民情，引导学生把国家、社会、公民的价值要求融为一体。因此，学生主体自觉是课程思政育人有效性的关键，只有在态度上积极参与课程思政，在目标上契合自我发展目标，在需求上主动制造自我需要，才能让课程思政的成效落地落实。

三、建立健全组织实施和条件保障体系

完善的课程思政工作体系是课程思政建设取得成效的重要保障。首先，要建立统筹协调和分类指导相统一的上下联动机制。高校党委要发

---

① 《教育部关于印发〈高等学校课程思政建设指导纲要〉的通知》，2020年5月28日，见 https://www.gov.cn/zhengce/zhengceku/2020-06/06/content_5517606.htm。

挥统揽全局的作用，提高课程思政的政治站位，协调推进课程思政建设的顶层设计。根据高等教育人才培养目标和学校办学定位，设立课程思政建设工作领导机构、组织机构，制定课程思政建设的工作方案，有针对性地设计课程思政的教学体系。各学院负责人要落实好课程思政建设工作主体责任制，结合不同学科领域特点，对不同专业背景的学生进行受众画像，精准投放思想政治教育内容，形成"校校有精品、门门有思政、课课有特色、人人重育人"的协同育人格局。其次，建立资源共享和条件保障机制。充分发挥思政课教师在课程思政建设工作中的协调引领作用和专业课教师的补给支撑作用，建立贯通各学科的交流研修机制，鼓励思政课与专业课教师经常性交流，开展"手拉手"集体备课，优化课程思政的内容供给。教育部门、学校和各学院要在政策协同、资金支持和人员物资等方面加大投入力度，全力支持和积极参与跨学科教学观摩和经验分享活动，共同探讨课程思政建设的成功经验，创新课程思政推进的方式方法，营造群策群力、见功见效的课程思政建设良好氛围。最后，要完善课程思政的质量评价体系和激励机制。课程思政建设是全方位、全过程的，对课程思政成效的评价自然也要摒弃以往单一的量化评价模式，构建多维度的课程思政质量监控体系和评价机制。评价制度要强调效果导向，"要把立德树人的成效作为检验学校一切工作的根本标准"[①]。重视对教师育人效果的过程性评价，考察教师在施教过程中是否对学生世界观、人生观、价值观的塑造起到了积极引导作用，思政元素的渗透是否做到了润物无声、与时俱进。采取群体评估为主、个体评估为辅的评价方法，把教师参与课程思政建设的情况和教学效果作为教师考核评价、岗位聘用、评优奖励和选拔培训的重要内容，综合考

---

① 习近平：《在北京大学师生座谈会上的讲话》，《人民日报》2018年5月3日。

量教师对课程思政的驾驭力和胜任力。

本 章 结 语

对于课程思政，钱伟长教授早在 1986 年就指出，"思想工作应该全校共同来做，而不是靠少数人。团委、学生会要做工作，每个教师更有责任来做"，他还提出，"只有我们把爱国主义教育贯彻到每一业务教学中去，才能达到提高业务的目的，才能很好地完成培育青年的任务"。[①]在新时代，"拔节育穗"以收获人才硕果是目标，而培土、施肥以及营造"风调雨顺光照好"的优美成长环境则是前提条件，这些条件的满足单靠思政课教师无法做到，需要专业课、通识课教师的参与合力。高校各学科、专业课程教师在面对世界百年未有之大变局，为中国式现代化建设和实现中华民族伟大复兴培养可靠人才的教育实践中躬行践履，参与课程思政建设是应然反应和必然选择。为此，学校要引导、激励教师在深入研究专业人才培养目标，深刻把握学科、专业特点以及背后所倚靠的行业、产业领域特色的基础上，尊重学生主体需求，观照当下社会现实，结合专业课程教学体系中的重点、难点和前瞻性问题，科学发掘展现新时代新理念、新思想、新战略的思政新素材，有效提升课堂教学的思政味和亲和力，以教师联动推进课程联动和课堂联动，将对学生的政治引导、价值塑造和情怀培育融入专业人才培养的全过程、全方位。只有这样，课程思政才能成为"大思政课"的具象展示和"三全育人"在学科专业课程体系的有效切入。

---

① 钱伟长：《教育和教学问题的思考》，上海大学出版社 2000 年版，第 148、1 页。

第六章　思政课教师在课程思政建设中的角色定位与价值实现

　　全面推进高校课程思政建设是落实立德树人根本任务的战略举措。目前课程思政的高质量发展仍存在一些制约因素，其中之一是未能很好发挥思政课教师的作用和价值。思政课教师在课程思政建设中扮演着重要角色，是价值方向的引领者、"思政"认知的澄清者、实施过程的调控者和总结评估的把关者。要推进思政课教师在课程思政建设中的价值实现，必须广泛凝聚课程思政建设共识，全面提升课程思政建设能力，主动打造课程思政育人共同体，形成环环相扣的课程思政工作格局，推动课程思政建设成效进一步提升。

　　一旦论及课程思政，则将其行为主体自动理解为担任专业课和通识课等非思政课程的教师。思政课教师能否以及如何在课程思政建设中发挥作用？这一问题极少被学界所关注和研究。然而，在当下学科、专业课程教师对学生思想政治教育的重要性认识不足、方法论把握不足、与思政课主动协同不足的情况下，思政课教师在"大思政课"改革创新中，要做的不仅是守好思政课这"一亩三分地"，还应该发挥学科优势和教学特长，主动与非思政课程教师建立协作互助关系，积极指导、协助、调控、把关课程思政建设，突出高校马克思主义学院在"大思政课"中的政治引领和理论引导地位，以自身能力素养帮助课程思政筑牢思政根基的同时，实现对学校各专业人才培养的深度参与。

第一节　问题的提出

思想政治工作是高校各项工作的生命线，关系到高校培养什么样的人、如何培养人、为谁培养人这一根本问题。课程思政作为一种富有创新性与系统性的育人模式，是顺应新时代课程改革要求、提升高校思想政治工作实效性的积极探索，其实质是要打破以往思政课"单线作战"的育人形势，将思想政治教育融入办学治校各领域、教育教学各环节、人才培养各方面，实现立德树人润物无声。2017 年印发的《高校思想政治工作质量提升工程实施纲要》指出，要提升课程育人质量，大力推动以"课程思政"为目标的课堂教学改革。将课程思政从地方实践探索转化为国家顶层设计，吹响了推进高校课程思政建设的号角。2020 年教育部印发《高等学校课程思政建设指导纲要》，强调要针对课程思政实践中的"两张皮""贴标签"现象，统筹所有学科专业的育人资源和育人力量，发挥各类课程的育人功能，实现价值塑造、知识传授与能力培养一体化推进。这一纲领性文件坚持目标导向与问题导向的统一，进一步将全面推进课程思政建设定位为落实立德树人根本任务的战略举措，为高校课程思政建设指明了推进方向和内容重点。课程思政建设取得的实效如何，关乎青年学生的价值观养成，关乎培养建设社会主义现代化强国的接班人问题，更关乎民族复兴和国家崛起。

从建设形势特点上看，课程思政高质量发展仍然具有重要提升空间。随着高校思想政治工作体系化水平的提升与协同育人教育理念的逐渐普及，高校对课程思政建设的支持力度大大增强，课程思政的受益范围逐步扩展，广大教师探索课程思政的积极性和主动性不断提升，"品牌课程"如雨后春笋般涌现，取得了很多有价值的经验成果，形成了良好的课程思政建设氛围。与此同时，在课程思政建设进程中，统筹推进"不到位"、探索实践"有误区"、教学能力"有短板"等突出问题仍然存在①。在教师层面上，各门学科专业、不同背景教师"各自为政、单打独斗"的现象依旧普遍，部分专业课教师由于思政素养有限，在缺乏合作和指导的情况下往往造成"本领恐慌"，在课程思政实践中产生"不愿做、逃避做"的负面情绪。在教学层面上，"课程"与"思政"貌合神离、自说自话的情景时有出现，课程思政的有效推进面临着优质课程供给不足与形式化课程供给过剩的困境。总体来看，高校还不同程度存在专业教育与思想政治教育"两张皮"现象，未能很好形成育人合力，发挥出课程育人的功能②。

思政课教师是高等学校教师队伍中承担开展马克思主义理论教育、用习近平新时代中国特色社会主义思想铸魂育人的中坚力量③，理应成为全面推进课程思政建设的重要支撑。从必要性角度来看，思政课教师参与课程思政建设彰显了问题导向。课程思政的推进所要解决的关键问题是专业教育与思政教育"两张皮"，若仅将课程思政视为专业领域的

① 《全面推进高等学校课程思政建设工作视频会议召开 狠抓落实 全面推进高校课程思政建设取得实效》，2020年6月9日，见 http://www.moe.gov.cn/jyb_xwfb/gzdt_gzdt/moe_1485/202006/t20200609_464012.html。

② 《全面推进高等学校课程思政建设——教育部高等教育司负责人就〈高等学校课程思政建设指导纲要〉答记者问》，2020年6月5日，见 http://www.moe.gov.cn/jyb_xwfb/s271/202006/t20200604_462551.html。

③ 《新时代高等学校思想政治理论课教师队伍建设规定》，《中华人民共和国教育部公报》2020年第Z1期。

课程改革，把思政课教师这一重要主体排除在外，其结果仍是"单兵作战"，违背了课程思政建设"形成育人合力"初衷。从可行性角度来看，思政课教师参与课程思政建设具备基础优势。一方面，思政课教师具有深厚的理论功底和扎实的理论阐释水平，为其积极参与课程思政建设奠定了知识基础；另一方面，思政课教师作为立德树人的专门队伍，长期工作在高校思想政治教育一线，高度教学敏感性和丰厚资源优势成为思政课教师参与课程思政建设的经验基础。有鉴于此，思政课教师如何参与课程思政建设值得深入考察。换言之，对思政课教师在课程思政建设中扮演什么角色、如何充分运用思政课教师的优势助力课程思政建设进行深入研究，有助于把握思政课教师在课程思政建设中的角色定位，切实提升高校课程思政建设的实效。

第二节　思政课教师在课程思政建设中的角色定位

要把握思政课教师在课程思政建设中的角色定位，必须从"大思政"视野上厘清思想政治理论课与课程思政的关系。从理论层面来看，课程思政实际上是思想政治理论课在专业领域的延伸和拓展，它是基于专业课内在体系，对思想政治理论课中一般性原理、要求的深化和具体化。[①] 相较于传统的思想政治教育模式，课程思政实现了育人主体的延伸和育人载体的拓展，在这一过程中，思政课教师发挥着价值引领、认知澄清、过程调控、评估把关等多重功能，成为全面推进课程思政建设

---

① 陈华栋：《课程思政：从理念到实践》，上海交通大学出版社 2020 年版，第 124 页。

的支撑性力量。

一、价值方向的引领者

高校学生是高素质专门人才培养的最大群体，其价值取向直接影响着他们为谁服务和怎样服务，甚至在很大程度上影响到社会发展的走势[①]。价值塑造是落实高校"三位一体"人才培养目标的第一要务，课程思政要寓价值塑造于知识传授与能力培养之中，首先要解决的就是方向性问题，即"培养什么人"，这一问题的答案涉及课程思政的本质和建设目标，决定着课程思政要传递和塑造何种价值观。作为建设高水平人才培养体系、实现育人和育才相统一的重要抓手，课程思政建设的价值方向必须与高等教育发展的现实目标和未来方向紧密联系在一起，必须服务于立德树人根本任务、服务于党和国家的发展目标。如何确保课程思政在实际开展中拨开纷繁复杂的价值迷雾，实现"各类课程与思政课程同向同行"[②]，自然需要专门引导学生立德成人、树立正确价值观的思政课教师始终"在场"。具体来看，思政课教师从"本质"和"目标"两个层面，将课程思政建设引向合乎人的全面发展和社会主义现代化建设要求的价值方向。

课程思政就其本质而言，是新时代高校思想政治工作的一种创新探索，必须"坚持以马克思主义学科为引领"，将马克思主义的立场、观点、方法贯穿教育教学和科学研究的全过程。思政课教师是马克思主义

[①] 张澍军：《学科重要理论探索——我的 18 个思想政治教育见识见解》，中国人民大学出版社 2018 年版，第 72 页。

[②] 《教育部关于印发〈高等学校课程思政建设指导纲要〉的通知》，2020 年 5 月 28 日，见 https://www.gov.cn/zhengce/zhengceku/2020-06/06/content_5517606.htm。

理论学科研究的主要力量，具备扎实的马克思主义理论素养和教学本领，能够引领专业课教师理解马克思主义中国化时代化的最新成果、党的路线方针政策、课程思政相关文件精神，加深其对课程育人要求和价值的理解。思政课教师要帮助专业课教师掌握课程思政建设中最基本、最关键的内容，促使他们实现对马克思主义理论真懂、真信、真用，进而在知识传授的过程中实现价值引领，真正成为塑造学生品格、品行、品味的"大先生"。

从建设目标上看，课程思政要"让学生通过学习，掌握事物发展规律，通晓天下道理，丰富学识，增长见识，塑造品格，努力成为德智体美劳全面发展的社会主义建设者和接班人"①，这一目标蕴含了专业素质过硬和政治方向坚定双重要求。专业课程育人功能的有效发挥，必须建立在教师正确的政治导向和对专业知识的深刻把握之上。"政治坚定"是高校思政课教师聘用的首要标准。在事关政治原则、政治立场和政治方向的问题上，思政课教师有着更高的警觉性和鉴别力，能够帮助专业课教师划清学术问题与政治问题的界限，揭露西方意识形态的"价值中立"陷阱；引领专业课教师在教学科研中把握正确的政治方向，提升他们开展课程思政实践的胜任力，扭转专业课教学重知识传授轻价值引领的失衡局面。

二、"思政"认知的澄清者

专业课程是课程思政建设的基本载体，开展专业化课程思政，就是

---

① 《教育部关于印发〈高等学校课程思政建设指导纲要〉的通知》，2020 年 5 月 28 日，见 https://www.gov.cn/zhengce/zhengceku/2020-06/06/content_5517606.htm。

要"结合不同课程特点、思维方式和价值观念，深入挖掘课程思政元素，有机融入课程教学"①，这对专业课教师的思政素养和能力提出了较高的要求。许多专业课教师在学科知识的传授上游刃有余，对"思政"的认知却普遍存在空洞化、狭义化现象，难以准确把握最契合、最核心的元素，正如矿工对"勘探"的对象知之甚少，后续的"采掘"和"加工"更是寸步难行。

思政课教师从事着马克思主义理论学科研究和思政课教育教学双重劳动。就前者而言，思政课教师围绕中国特色社会主义、社会主义核心价值观、中华优秀传统文化等思想政治教育内容开展学术研究，从学理上展开不懈追问，用学术语言对其进行创造性阐释，必须具备严谨的学术态度和深厚的理论基础。在课程思政开展过程中，部分专业课教师陷入生搬硬套的教条主义窠臼，在专业课程中融入的思政元素是没有灵魂的空洞概念，究其根本，是专业课教师疏于相关训练，对"思政"的认识较为浅表、空洞。"知之愈明，则行之愈笃。"在思政认知的深度上，思政课教师走在前列，能够帮助专业课教师深化对马克思主义理论的理解、坚定对社会主义核心价值观的认同、加强对中华优秀传统文化的认识。专业课教师对"思政"的认识越深入，将文件话语和教材话语转化为教学话语的能力就越强，才能真正在专业知识传授和思想价值引导的多重交汇中建构意义联结。

就后者而言，思政课是落实立德树人根本任务的关键课程，具有受众多元、涉及领域广泛的特点。思政课教师作为思政课程的主要承担者，自然要主动适应思政课改革创新的要求，既做思政领域的"专

---

① 《教育部关于印发〈高等学校课程思政建设指导纲要〉的通知》，2020 年 5 月28 日，见 https://www.gov.cn/zhengce/zhengceku/2020-06/06/content_5517606.htm。

家"，也做涉猎广泛的"杂家"；既要不断钻研自身研究领域，又要广泛发掘多样化的思政素材融入课程教学，让不同类型的学生都爱听爱学、听懂学会。思政课教师在思政认知广度上的优势恰好迎合了课程思政的需要。在课程思政建设中，部分专业课教师将思政的范围狭义地理解为"政治"，在专业课程中渗透的"思政"元素高度同质化，引发学生的"审美疲劳"。思政课教师可以为专业课教师澄清认知误区，帮助他们了解"思政"不仅包括家国情怀、奋斗精神、知行统一、勇于实践等普适性较强的元素，还涵盖一切有助于激发学生正能量、对学生成长起着积极引导作用的特色性元素。在此过程中，专业课教师能够逐渐摒弃狭义化的"思政"认知，开阔育人思路，从学校特色、专业背景和自身经历等更广泛的渠道挖掘思政元素，增强课程的人文性和开放性。

三、实施过程的调控者

课程思政的具体实施涵盖诸多环节。《高等学校课程思政建设指导纲要》提出要"改进课堂教学过程管理，提高课程思政内涵融入课堂教学的水平"[①]，意即要将课程思政的内涵贯穿课堂教学的全方位全过程，最大限度发挥课堂教学的育人主渠道作用，这对专业课教师提出了较以往更高的要求。专业课教师的"道术"越高，在思政内容的开发和教学方法的设计上就越游刃有余，课程思政成效就越好。但事实上，无论是专业课教师的个体素养，还是专业教师团队的整体力量，都滞后于课程

---

① 《教育部关于印发〈高等学校课程思政建设指导纲要〉的通知》，2020 年 5 月 28 日，见 https://www.gov.cn/zhengce/zhengceku/2020-06/06/content_5517606.htm。

思政的高要求。这就需要思政课教师发挥在课程思政内涵领会与解读上的天然优势，充当课程思政实施过程的调控者。

首先，思政课教师要在内容开发上调控。专业课程蕴含的思政元素并非被赋予、被施加的，而是专业知识体系中内生的，是能够被开发与运用的。正如地区能源分布不均，思政元素在不同课程中的蕴含量是不平衡的；也正像自然能源的开采强调适量适度一样，思政元素的开发并非多多益善，而是要恰到好处。在这一问题上，思政课教师要合理调控思政元素开发的范围和程度。一方面，要支持专业课教师基于一个知识点、一个教学单元、一条思路线索进行发散，深度开发蕴含在其中的思政要点，有意识地让专业知识与思政元素相互印证。另一方面，要协助专业课教师深入梳理知识体系中的思政元素，去粗取精、去伪存真。围绕教育对象的思维特点、思想疑点和关注焦点，保留真正体现时代要求、贴合课程特点、回应学生关切的"思政"精髓，避免"多而不精"，适得其反。

其次，思政课教师要在方法设计上调控。思政元素在专业课程中的渗透并非碎片化的"植入"，而是要像盐溶于汤，能尝得出却未必看得到。然而实际教学中一勺盐、一口汤的现象犹存，根源在于许多专业课教师对讲好课程思政的方法与技巧比较陌生，找不到课堂教学与思想政治教育的"触点"，造成"低级红""高级黑"的负面效应。毛泽东强调，"我们不但要提出任务，而且要解决完成任务的方法问题。我们的任务是过河，但是没有桥或没有船就不能过。不解决桥或船的问题，过河就是一句空话。不解决方法问题，任务也只是瞎说一顿"①。思政课教师作为高校思想政治教育的专职人员，熟练掌握渗透

---

① 《毛泽东选集》第一卷，人民出版社 1991 年版，第 139 页。

教育、陶冶教育、实践体验等隐性思想政治教育方法。思政课教师要对课程思政开展过程中的具体方法进行调控，结合专业学科特色与优势，根据学生目前的思想水平和政治素质，与专业课教师协力沿用好办法，改进老办法，探索新办法。在此基础上，进一步拓展课程思政建设方法和途径，提高课程思政内涵融入课堂教学的水平，以达到春风化雨、润物无声的理想效果。

四、总结评估的把关者

总结评估是思想政治教育实施调节告一段落时，对其效果所作的定性、定量的价值评判。[1] 要对课程思政开展状况和实施效果进行测量，必须确立合理的评估指标。效果指标和效能指标是客观评价思想政治教育实际效能的两项重要指标[2]，自然适用于课程思政。但与此同时，课程思政涉及多学科多领域多层次，评估主体往往涵盖党政干部、思政课教师、学生等多种成分。不同主体对评估指标的理解具有主观差异，不同的人可能做出不尽相同甚至完全相反的评价。可见，专业过硬的"把关者"是这一环节不可或缺的，思政课教师是高校思想政治教育的"权威群体"，理应充当这一角色。

其一，要在效果指标上把关。效果指标是从质上入手对课程思政成效进行定性分析评估的尺度，即要对课程思政发挥作用的性质进行把关，确认其有效与否。《高等学校课程思政建设指导纲要》指出："人才培养效果是课程思政建设评价的首要标准"，虽然不同专业人才培养特

---

① 郑永廷：《思想政治教育方法论》，高等教育出版社 2010 年版，第 253 页。

② 郑永廷：《思想政治教育方法论》，高等教育出版社 2010 年版，第 273 页。

点和知识能力要求不同，但任何科学知识的背后都承载着一定的价值观念，所谓绝对的"客观、中立与价值无涉"是不存在的。这就决定了衡量课程思政有效性的效果指标能否达成一致，要看课程思政的实际开展是否寓价值观引导于知识传授和能力培养之中，帮助学生塑造正确的"三观"。随着"大思政"格局的逐步构建，课程思政对高校思想政治教育的服务作用和支撑作用必然会越来越大，对其自身要求也将越来越高。思政课教师要深入考察课程思政的运行是否将党的创新理论贯通其中，是否坚持以社会主义核心价值观为导向，是否在坚定学生理想信念上下功夫，这些都是高校人才培养的必备内容，因而也是衡量课程思政有效性的重要尺度。

其二，要在效率指标上把关。效率指标是从量上入手衡量课程思政起作用程度的指标。课程思政的价值期待就是要在单位时间内，采取尽可能隐蔽的方式开展思政教育，产生深远的积极效应。专业课程教学是课程思政最主要的依托 [1]，专业课有其特定的教学任务，其中渗透的思政内容不能"喧宾夺主"。思政课教师要对课程思政的效率标准及其量化方法进行严格把关，合理评估专业课教师在课程思政实践中的投入产出比，科学计量一定时期内学生思想态度和观念认识的变化程度，深入考察由思想、认识上的积极变化所带来的具体行动及其结果。这样既能够从量上对课程思政实践水平进行总结评估，又能有效避免与思政课程"抢功"的问题。

---

[1] 《全面推进高等学校课程思政建设——教育部高等教育司负责人就〈高等学校课程思政建设指导纲要〉答记者问》，2020 年 6 月 5 日，见 http://www.moe.gov.cn/jyb_xwfb/s271/202006/t20200604_462551.html。

第三节　推进思政课教师在课程思政建设中的价值实现

课程思政建设要把专业教育与思想政治教育紧密融合，形成协同效应①。协同的目的是使整体效益超过单个要素单独作用②，整合各关键主体的优势资源，产生一加一大于二的效果。因此，在高校课程思政建设格局中，必须依托广大思政课教师的智力支持，将思政课教师的有利优势贯穿于课程思政的各个环节。从强意识、广帮扶、搭平台、重保障等方面入手，推进思政课教师在课程思政建设中的价值实现。

一、强意识，广泛凝聚课程思政建设共识

课程思政是把专业课程教学与思想政治教育有机结合起来，形成的一整套符合专业育人特点、符合认知科学要求、使思政工作落地见效的教学体系。要使课程思政落细落小落实，首先要从意识上破解课程思政建设"主力军"缺乏合作意识导致沟通不畅、协同不足甚至相互竞争的状态。思政课教师要强化课程思政建设意识，主动"破冰"，广泛凝聚起课程思政建设的共识。

首先，思政课教师要强化角色意识。课程思政的全面推进并不意味

---

① 《全面推进高等学校课程思政建设——教育部高等教育司负责人就〈高等学校课程思政建设指导纲要〉答记者问》，2020 年 6 月 5 日，见 http://www.moe.gov.cn/jyb_xwfb/s271/202006/t20200604_462551.html。

② 韩喜平、肖杨：《课程思政与思政课程协同育人的"能"与"不能"》，《思想理论教育导刊》2021 年第 4 期。

着思政课教师思想政治教育责任的对外分摊，而是基于系统思维，将思政课教师的优势最大化，提高高校思想政治教育"责任田"的效率与"产量"。思政课教师在课程思政建设中不能以"局外人""旁观者"自居，而是要强化角色意识，主动投身课程思政实践。一方面，要以强烈的使命感，主动加强与专业课教师的沟通交流。思政课教师要助耕"专业田"，为专业课教师化解思想困惑和认知误区，提升他们参与课程思政建设的思想自觉，促使广大专业课教师增加立德树人的专业投入与情感投入。另一方面，要以高度的责任感，积极参与课程思政建设的全过程诸领域。思政课教师要拓宽"责任田"，把课程思政建设作为自己的分内之事扎实抓、长期抓，在课程规划设计、教材深度开发、思政元素挖掘、效果评估反馈等多方面提供助力指导，延展课程思政实践的深度与厚度。

其次，思政课教师要推广合作共识。专业课教师是课程思政建设的重要主体，他们授课规模普遍较小，与学生心理相容的程度也更高，具有开展课程思政的天然优势。但在推进课程思政建设进程中，部分专业课教师倾向于通过独自探索来解决实践中遇到的问题，很少寻求与思政课教师合作，制约了协同育人合力的形成。究其原因，是专业课缺乏课程思政建设意识，没有把课程思政摆在应有高度，不愿在精细化特色化上下功夫，将课程思政作为额外任务草草了事，更谈不上与思政课教师的合作意愿。思政课教师要主动"破冰"，广泛凝聚课程思政建设共识。一方面，要"惊涛拍岸"式向专业课教师"灌输"课程思政意识。"工人本来也不可能有社会民主主义的意识。这种意识只能从外面灌输进去"①。同理，专业课教师对课程思政的认知首先也要从灌输开始。思政

---

① 《列宁选集》第一卷，人民出版社 2012 年版，第 317 页。

课教师可以综合利用传统宣传手段和新媒体技术，通过文件解读、以案释"策"等方式，提高其他课程教师对课程思政的知晓率和认可度，引导他们认识价值塑造、知识传授与能力培养的内在一致性，达成"合则共赢"的统一理念。另一方面，要"润物无声"式提高专业课教师探索课程思政的动力。思政课教师要按照"六个要"与"八个相统一"要求，不断改革思想政治理论课的教学方法和授课艺术。既要深入发掘地方人文风情、学校历史传统、课程设立渊源等特色德育素材，结合学校发展定位，开发出具有校际特色的思政"品牌课"；又要紧密关注青年学生的年龄特点与心理特征，将思政课上得贴风气、有人气、接地气，在校内营造出"重思政、讲思政、乐思政"的良好氛围，进而带动专业课教师对"思政"的关注和热情，提升他们探索课程思政的动力。专业课教师只有具备了开展课程思政的内在动力，才会在实践中提高合作意识，主动接受思政课教师的帮助和指导，与思政课教师协同合作，实现功能互补，优势叠加，画好课程思政"最广影响面"。

二、广帮扶，全面提升课程思政建设能力

课程思政建设能力不同于普遍意义上的教育教学能力，它既涵盖高校教师开展教学活动所需的一般能力，也包括"课程思政"语境下教师应具备的特殊能力。具体而言，主要有两个方面：一是围绕高校立德树人的一致性要求所应具备的基础能力，包括思想政治素质和育德育人能力；二是立足不同学科专业人才培养的特殊要求所应具备的实践能力，体现为将思政元素与课堂教学内容、所教对象特点匹配对接的能力。教师课程思政能力是影响课程思政建设成效的关键因素。有调查显示，只有约10%的专业课教师表示能够比较正确地把握"课程思政"的方式

和方法，能够将思想政治教育的内容有机融入专业课教学①。思政课教师要在高校课程思政建设领导小组的支持下，拓展多种途径，为专业课教师提供能力帮扶，全面提升双方课程思政建设能力。

第一，要提供培训指导，提升课程思政建设基础能力。高校教师是与学生接触最频繁、联系最密切的群体，他们思想政治素质和育人育德能力的高低直接关乎课程思政建设的成败。必须坚持"教育者先受教育"②的原则，把提升教师思想政治素质和育人育德能力作为教师教育的常态化内容，贯穿教师岗前培训、在职培训、专题研修等教师发展项目。思政课教师应在相关教师培训中提供正确的理论指导，解读新思想的丰富内涵和精神实质，剖析当代社会重要理论和现实问题。一方面提高其他课程教师的思想政治认知水平，另一方面推动思政课教师在不断"输出"中强化自我教育，促使广大教师在"潜心问道和关注社会相统一"③中锤炼过硬的思想政治素质。同时，必须注重育人育德能力的提升。思政课教师要充分调动思政课程对"课程思政"的引领作用，邀请专业课教师参与思政课堂。共同领会教材背后深层次的价值观，体味渗透在教学教法中的道德要求、特定教学情境下的道德表率等育人育德因素。围绕这些因素展开思考和讨论，提高双方在课程思政建设中的育人育德敏锐度，真正做到"以德立身、以德立学"，进而实现"以德施教、以德育德"。

第二，要多下精准功夫，提升课程思政建设实践能力。课程思政不是简单的"课程"与"思政"的机械组合，而是要依托专业课程的本身

---

① 邓丽娜：《新时代高校教师提升"课程思政"能力研究》，《思想政治教育研究》2021年第3期。

② 习近平：《在北京大学师生座谈会上的讲话》，《人民日报》2018年5月3日。

③ 《习近平谈治国理政》第二卷，外文出版社2017年版，第379页。

特色和优势，构筑"精准滴灌"的思想政治教育模式。因此，思政课教师要多下"精准"功夫，做好实化细化工作①，切实提升自己和专业课教师的课程思政实践能力。思政课教师应主动配合学院要求，推进与专业课教师的对接对话，深入研究不同学科专业的特色和优势，以助于在课程思政的问题分析、对象识别、内容供给等方面实现精准②，为专业课教师提供更优质的帮扶。依托思政课教师的资源优势，将思政课程"内容存量"转化为课程思政"资源增量"；依托专业课教师与学生的对话优势，把学生思维特点这一"关键变量"转化为推进课程思政建设的"创新增量"，实现思政元素的供给同专业课程的育人目标、教育对象的需求精准对接，协力打造出课程思政"金课"。如此既能够提升思政课教师的教学研究能力，反哺日常教学和科研工作；又能够增进专业课教师对思想政治教育规律、教书育人规律和学生成长规律的把握和运用，二者的课程思政实践能力都能够得到质的提升，由"愿教、乐教"走向"胜任、善任"。

三、搭平台，主动打造课程思政育人共同体

课程思政建设是一个复杂且特殊的系统工程。若系统内部各要素独立运行，各方自成体系，缺乏互动交流，将会制约课程思政建设整体效果的发挥。思政课教师要踊跃搭建协同平台，根据系统内部各要素的相互关系和各自"角色"，重新整合定位，发挥"共轭效应"，打造课程思

---

① 习近平：《实事求是求真务实把准方向　善始善终善作善成抓实工作》，《紫光阁》2017 年第 4 期。

② 都晓：《论精准思政概念生成及其与课程思政的辩证关系》，《新疆师范大学学报》（哲学社会科学版）2022 年第 2 期。

政育人共同体。

着力打造课程思政学科支撑平台,推进马克思主义理论学科交叉研究。"学科建设是课程建设的基础,课程建设是学科建设的体现。"[1] 专业知识与思想政治元素的有机结合是课程思政不能回避的话题,课程思政的实际开展涉及两门及以上学科知识的交叉融合。可以说在全面推进课程思政建设的过程中,马克思主义理论学科交叉研究和课程思政教学实践是相互塑造、相互支持的一体两面。思政课教师要着力打造课程思政学科支撑平台,推进课程思政建设"自我造血"。一要用好学科交叉研究这一"催化剂",为课程思政建设提供学理支撑。思政课教师要充分运用马克思主义理论学科的引领作用,与专业课教师通力合作,围绕课程思政建设中的重点、难点、前瞻性问题,开展学科交叉的课题研究,把相关科研成果转化为教学内容,促进课程思政教学实践科学化规范化。二要用好课程思政实践这一"营养液",滋养马克思主义理论学科交叉研究。思政课教师和专业课教师应在课程思政实践中广泛探索学科交叉的方法技巧,把握各学科知识融合的内在逻辑。将实践中的最新成果凝练成学术语言,在此基础上形成独创性的课程思政研究成果和话语体系,进而促成马克思主义理论学科交叉研究与课程思政实践的良性互动。

组建课程思政名师工作室,积极探索可复制推广的课程思政建设模式。思政课教师应积极组建课程思政名师工作室,邀请党政工作人员、专业课教师、辅导员等广泛参与、各抒己见,协力打造出可供借鉴共享的经验、成果和模式。要推出一批课程思政示范课程。可以结合学校办

---

① 金德楠:《加强思想政治教育学科建设与课程建设有机衔接》,《思想政治教育研究》2018 年第 3 期。

学定位和专业特色，围绕中国特色社会主义和中国梦、"四史"、中华优秀传统文化等重点，优化课程思政内容供给。教师团队可选取一项或多项内容，科学设计课程目标和教案课件；课程可由一名教师独立讲授，也可由团队以专题形式接力完成。如上海大学推出的"大国方略"试点课程，由思政课教师以及文、史、哲、经、管理、社会、法学、国际关系等多学科的十多位知名教授联袂开设，围绕习近平总书记内政外交治国方略，推出10个专题式教学课程①，获得学生的一致好评。要推出一批课程思政优秀教师。思政课教师可以依托名师工作室，通过课程思政教学比武、能力竞赛等形式提高与专业课教师的合作默契，遴选出一批在思想政治素质、育德育人意识、师德师风水平、教学科研能力等方面走在前列的课程思政建设先进典型。定期组织课程思政教师座谈会、案例分享展示会等活动，指导其他课程教师切实提升课程思政建设能力，在校内外形成广泛的示范辐射效应。此外，思政课教师还要组织经常性的集体备课、培训观摩、科研讨论，夯实课程思政建设的理论研究基础，致力于将名师工作室打造成为课程思政教学研究示范中心，带动全校课程思政建设质量的整体提升。

四、重保障，形成环环相扣的课程思政工作格局

思政课教师在课程思政建设中的价值实现，既需要思政课教师在主观上自觉担当、主动作为，也需要立足更广泛的制度层面，建立行之有效的保障机制，从客观上为思政课教师有序参与课程思政建设保驾护

---

① 高德毅、宗爱东：《课程思政：有效发挥课堂育人主渠道作用的必然选择》，《思想理论教育导刊》2017年第1期。

航。通过对思政课教师的角色职责做出进一步规定，推动其在课程思政实践中发挥更大的指导和引领作用，激活他们参与课程思政建设的能力和动力，从根本上解决思政教育和专业教育"两张皮"问题，形成环环相扣的课程思政工作格局。

首先，要建立协调统筹机制。高校要根据课程思政建设的特点和发展要求，拟好"路线图"，建好"施工队"，保障课程思政各项工作有效有序运行。要做好顶层设计，组建党委统一部署，马克思主义学院负责协调，其他二级学院共同参与，各职能部门各司其职的课程思政工作协调委员会。充分发挥马克思主义理论学科在各学科专业中的引领作用，依托课程思政学科支撑平台，构筑多层次的课程思政学科研究体系。由学校教务部门牵头，思政课教师把关，落实以"课程思政"改革为载体的教材建设工程，优先选用"马工程"系列重点教材，着力打造一批高水平、有特色的课程思政示范教材。定期召集思政课教师与不同学科门类教师就课程思政教学管理展开研讨，在课程目标设计、教学大纲修订、教学进度安排、师资力量培养等方面做出统一安排。推动课程思政视域下学科体系、教材体系和教学体系的有机结合，实现"思政课程"主渠道育人到"课程思政"立体化育人的转变①。

其次，要完善合作共享机制。一方面，马克思主义学院和其他二级学院要协力探索"人才柔性流动"模式。根据思政课教师的研究方向和各学院的具体需求，安排思政课教师到其他学院开展课程思政业务指导，缓解课程思政建设的人才供需矛盾。还可以从其他人文社科专业中遴选优秀教师加入思政课教师队伍，发动各院系党政负责人、专业课骨

① 赵静：《协同推进高校思想政治理论课建设研究》，《思想理论教育导刊》2019年第9期。

干从事思政课兼职教学工作，鼓励中青年教师经过培训走上思政课讲台，完善思政课教师与专业课教师的信息沟通渠道，为课程思政建设提供源源不断的后备人才。另一方面，要打破高校教师间的"专业壁垒"，畅通课程思政资源共享渠道。分区域、分学科专业领域深度梳理课程思政资源的层级和面向，打造资源"富矿"，实现课程思政资源在思政课程与各类专业课程间"广共享"。既要关注思政元素、教学方法、教研资料等硬资源的共享，也要重视育人理念、学生数据、教学艺术等软资源的共享，为课程思政建设的持续推进提供丰富的"后勤补给"。

最后，要完善激励评价机制。科学的激励评价机制有助于激发思政课教师投身课程思政建设的热情和动力，思政课教师在课程思政建设中的角色参与，既离不开高度的职业责任感，也离不开坚实的制度保障。一要投入专项经费支持，建立公平合理的激励制度。为课程思政改革先进典型提供一定的补助津贴，加大对课程思政建设优秀成果的支持力度，有条件的高校还可以单独设立课程思政专项课题，从政策、项目、资金等方面，鼓励思政课教师开展课程思政相关的学术研究和教学改革。二要用好评价这根"指挥棒"，突出课程思政考核指标。教学监测部门在对思政课教师进行绩效考核的过程中，要加大课程思政建设能力的考核权重；在各类职称评审、岗位晋升、奖励表彰中，对思政课教师参与课程思政的频率和成效做出明确规定，从制度上激励和推动思政课教师积极参与课程思政建设。

本 章 结 语

思政课教师参与课程思政建设，对于非思政课程贯穿"立德树人"之本、"又红又专"之色、"铸魂育人"之"魂"，解决思政课改革和课程思政建设"各自为政",非思政课程的课堂教学与价值引领脱节等问题具有至关重要的作用。与此同时,思政课教师参与课程思政建设,不仅有益于课程思政的科学推进,而且对于自身的思政课改革也颇有助益。思政课教师如能参与包括专业人才培养方案编制、专业课程标准制定、专业教学资源开发、专业课堂教学实施和专业实践展开、专业课程质量评价等活动在内的专业人才培养全流程实践,才能对所任教专业的行业背景及发展需要有更为真切的感受,对学生职业发展需求产生更为恳切的理解,对专业人才培养过程形成更为深切的认知,才能让自身的思政课教学对专业人才培养目标实现产生更为适切的行动配合。也只有基于思政课教师与课程思政教师这一对教学主体的双向协作,高校"大思政课"才能实现课程资源的双向供给、学生学情的相互分享、育人方法的参考借鉴、课程环境的共同营造、课堂教学的协调配合、实践活动的互融互通、课程质量的互为评鉴。

第七章 "大思政课"视域下社会大课堂的系统阐释

  准确认知社会大课堂是高校用好社会大课堂的前提。历史维度，社会大课堂孕育于我国德育和素质教育双重改革需要，凸显于为国育人、为党育才根本需求。性质维度，社会大课堂实践空间具备思政课堂要素结构，实践过程契合思政教育过程特征，实践活动满足大学生研究性学习需要。价值维度，用好社会大课堂是高校师生强本领长才干、"大思政"改革创新以及高质量培养社会主义建设者和接班人的必由之路。比较维度，社会大课堂与思政小课堂的主体、特性、建制及目标对照鲜明，二者在回应时代关切、获得社会支撑中互为关照、互相推进。

  习近平总书记高度重视青年的社会历练和对马克思主义实践观的继承和运用，在2016年全国高校思想政治工作会议上明确提出："社会是个大课堂。青年要成长为国家栋梁之材，既要读万卷书，又要行万里路。社会实践、社会活动以及校内各类学生社团活动是学生的第二课堂，对拓展学生眼界和能力、充实学生社会体验和丰富学生生活十分有益。"①

---

  ① 《习近平关于青少年和共青团工作论述摘编》，中央文献出版社2017年版，第55页。

2022年7月，教育部等十部委联合印发了《全面推进"大思政课"建设的工作方案》，就"大思政课"如何"善用社会大课堂"作出明确部署。科学把握社会大课堂是高校用好社会大课堂的前提。"社会"何时、何以称为并成为"大课堂"？社会大课堂和思政小课堂有何区别与联系？有了思政小课堂，为什么还要社会大课堂？要想清晰准确地理解社会大课堂，需要根据马克思主义系统观，用历史、全局和比较的视角从不同维度对社会大课堂进行分析，才能最终达成对社会大课堂全面、彻底、本质的认知和阐释。

第一节　课堂历史："社会"何时称为"大课堂"

思想政治工作是党一切工作的生命线，也是党的鲜明特色和突出政治优势。中国共产党历来坚持实事求是思想路线，善读"无字之书"，善走群众路线。改革开放以来，从1981年《中国共产党中央委员会关于建国以来党的若干历史问题的决议》提出"用马克思主义世界观和共产主义道德教育人民和青年，坚持德智体全面发展、又红又专、知识分子与工人农民相结合、脑力劳动与体力劳动相结合"[①]，至党的十六大报告明确"坚持教育为社会主义现代化建设服务，为人民服务，与生产劳动和社会实践相结合"[②]的教育方针，均呈现出中国共产党制度演进对社会即课堂的现实观照。

---

① 《三中全会以来重要文献选编》下，人民出版社1982年版，第842页。
② 《十六大以来重要文献选编》上，中央文献出版社2005年版，第31页。

一、社会大课堂孕育于我国德育和素质教育改革双重现实需要

现实意义的社会大课堂始终存在，但社会大课堂成为专有名词，则肇始于 2001 年共青团中央贯彻落实《关于适应新形势进一步加强和改进中小学德育工作的意见》，为培养中学生创新精神和实践能力，组织发起涵盖寻访行动、素质训练、科普活动、法律宣传、环境保护、志愿服务等在内的"走进社会大课堂"全国中学生暑期实践教育活动[①]。活动具有加强和改进中学德育和推进素质教育的双重意义。自此，社会大课堂日益成为重要的实践育人场域和思政课堂形态。在社会大课堂多年建设实践中，以北京市社会大课堂推进成效尤为突出。2008 年为满足中小学生多元社会实践需求，开发丰富的教学实践资源，为中小学专题教育、学科教学、综合实践、个性化学习以及地方课程、校本课程改革提供有力支撑，北京市教育委员会、北京市人民政府教育督导室发布《关于做好北京市中小学生社会大课堂建设筹备工作的通知》。该通知部署以"合力建设、成果共享、服务学生、双向需求"[②]为原则，将社会大课堂作为学校教育的对外延伸和学生能力提升的重要途径，遴选涵盖各领域若干社会大课堂资源单位为学生提供社会研学实践机会，创新搭建学校教育与社会教育互补、校园生活与社会生活相接之桥。自社会大课堂建设启动以来，北京市汇集传统文化、自然科技、党史国情、人

[①]　参见《关于开展"走进社会大课堂"全国中学生暑期实践教育活动的通知》（中青发〔2001〕16 号），中国共青团网，见 https://www.gqt.org.cn/695/gqt_tuanshi/newcentury/zywjx/zywjx_2001/200708/t20070821_40833.htm。

[②]　参见《关于做好北京市中小学生社会大课堂建设筹备工作的通知》（京教德〔2008〕5 号），2008 年 9 月 3 日，见 http://jw.beijing.gov.cn/xxgk/zfxxgkml/zfgkzcwj/zwgzdt/202001/t20200107_1564632.html。

文艺术等多领域资源单位，形成体系完整、布局合理的社会大课堂资源群，在全国率先构建全社会共同育人机制。随着时代发展，社会大课堂已经成为我国学生融入现实社会，开展志愿服务，参与公共生活的必修课，其覆盖面从校外各类教育场馆、历史人文景点延伸至科研院所、街道社区、工厂企业，呈现主体参与多元化、资源利用最大化、活动过程研学化、学生参与兴趣化的特点。

二、社会大课堂凸显于为党育人、为国育才的根本需求

党的十八大以来，高校作为党的思想政治工作重要阵地，高校教师作为培根铸魂立初心直接主体，大学生作为未来社会主义建设和实现中华民族伟大复兴的关键力量，在其使命与价值愈加凸显的形势之下，高校用好"社会"这个"大课堂"，师生要读好"生活"这本"教科书"的重要性、紧迫性也愈加突出。2019年学校思想政治理论课教师座谈会上，习近平总书记提出："马克思主义是在实践中形成并不断发展的，要高度重视思政课的实践性，把思政小课堂同社会大课堂结合起来，在理论和实践的结合中，教育引导学生把人生抱负落实到脚踏实地的实际行动中来，把学习奋斗的具体目标同民族复兴的伟大目标结合起来，立鸿鹄志，做奋斗者"①。其中，"实践性"体现社会大课堂的本质属性，强调社会大课堂作为思政课对马克思主义实践观的把握和运用；"课堂"明晰社会大课堂的教育属性，即特定社会物质环境经过选择和改造也能成为育人场域；"把人生抱负落实到脚踏实地的实际行动中来，把学习

---

① 习近平：《思政课是落实立德树人根本任务的关键课程》，人民出版社2020年版，第20—21页。

奋斗的具体目标同民族复兴的伟大目标结合起来"揭示社会大课堂以小我融大我、将抱负落实地的育人功能;"思政小课堂同社会大课堂""理论和实践"相结合指明育人路径、方法;"立鸿鹄志,做奋斗者"彰显社会大课堂最终育什么人的目标。通过这一具体要求,习近平总书记将社会大课堂的需求动因、主要方法和重要功能阐释得更为清晰,强化了社会大课堂的地位和作用,为"社会"为何、如何转化为"大课堂"提供理论指引和方法指导。

与以习近平同志为核心的党中央对社会大课堂的重视和对"大思政"改革顶层设计相呼应的是国家制度的建设推进。党的十八大以来,《关于加强和改进新形势下高校思想政治工作的意见》《高校思想政治工作质量提升工程实施纲要》《高等学校马克思主义学院建设标准》《关于加快构建高校思想政治工作体系的意见》《关于加强新时代马克思主义学院建设的意见》等指导性文件相继颁发,将用好社会大课堂作为"大思政"改革重要着力点。建党百年之际,党中央、国务院印发《关于新时代加强和改进思想政治工作的意见》,更是把思想政治工作当作治党治国重要方式,要求把思想政治工作与经济建设和其他各项工作相结合。2022 年 7 月,教育部等十部门联合印发《全面推进"大思政课"建设的工作方案》,将建设"大课堂"、搭建"大平台"、"建好大师资"等列入"大思政课"建设总体要求,并就如何"善用社会大课堂"作出清晰部署。一系列制度设计贯穿对如何用好社会大课堂的积极铺陈与有序推进,制度体系的充实完善也为新时代高校用好社会大课堂提供重要遵循。

与党中央明确要求和部署推进对照检视,与当前中小学社会大课堂建设成效展开比较,高校社会大课堂建设进程相对缓慢,力度显得薄弱,发展尚不成体系和规模。一方面,高校虽开展"三下乡""四进社区"等社会实践项目，但活动覆盖面窄、常态化水平低，与思政课结合度不高。另一方面，校内思政课被动、碎片、单向教育的瓶颈依然尚未突破，校社政主体协同效应仍未完全形成，理论与实践脱节问题亟待解决。高校对社会大课堂创新性运用仍是"大思政"建设短板。如何切实用好社会大课堂，促进思政小课堂与社会大课堂互为倚重、衔接融通，充分实现社会大课堂育人价值是摆在高校面前的重要现实课题。

第二节　课堂性质："社会"何以称为"大课堂"

社会大课堂既然以"课堂"为名，那么"课堂"就是明晰社会大课堂教育属性的核心概念，因此，什么是"课堂"是透彻理解社会大课堂的元问题。课堂一般指专门用来进行教学活动的教室，亦泛指各种能获取知识的场所。[①] 显然社会大课堂的"课堂"采纳的是泛指定义。课堂应教育需求而存在，社会大课堂的教育活动以社会实践的形式呈现，但作为思政课堂的社会大课堂，不是大学生在校外的一次实践活动、一门课程，或者是学校某些课堂活动附属的方法、途径，更不是无意义、碎片化的生活场景拼接。"社会"能称为师生的"大课堂"，其社会实践空间需要具备课堂要素结构，实践过程契合教育主客体的施教、受教进程，实践活动满足研究性学习需要，最终使学生获得教益、接受品德陶冶，增长见识能力。

---

① 邓治凡：《汉语同韵大词典》，崇文书局 2010 年版，第 99 页。

一、社会实践空间具备思政课堂要素结构

课堂是学习的场所,课堂要素是指课堂学习活动所涉及的各种客观因素。关于课堂要素的界定目前有多种说法,如"教师、学生、教材"三要素论,"教师、学生、教材、环境"四要素论,"教师、学生、教材、工具、方法"五要素论,"教师、学生、教材、工具、时间、空间、环境"七要素论等。课堂要素结构指"课堂教学中必备的要素或必经的环节所处的地位及其相互作用的关系"[①]。根据课堂要素结构理论,无论何种课堂要素论及何种课堂类型,这些要素均由四个方面构成。一是课堂活动的主、客体,二是课堂学习活动,三是课堂学习活动所凭借的环境条件,四是课堂学习活动的影响因素。具体而言,学生社会实践空间要成为"学习课堂",第一,要有教育主、客体。以人民为师是构建社会大课堂教育主体的主旨,更广泛的教育主体则应来自广阔社会,而不局限于高校教师。同时,高校教师也可以与学生一同成为社会大课堂的教育客体。第二,特定环境、资源有值得挖掘的教育潜质,且社会大课堂教育主体具备将自然、无序、复杂且碎片化的社会环境、资源转化为教育环境、资源要素的意愿及能力。第三,特定社会空间原先存在或人为创设的特定社会活动具有转化为教育活动、实现学生活动或生活"教育过程化"的条件。此外还要结合前三者,精心创设并系统优化社会大课堂实践活动的外在影响因素,使课堂有主观预设、有系统组织、有教与学的关系产生、有环境素材建构,最终呈现完整的课堂要素结构。

---

① 李伊沙:《论课堂要素结构的重要性》,《湖南师范大学教育科学学报》2006年第2期。

二、社会实践过程契合思政教育过程特征

课堂必须凸显教育的本质，完成学习实践过程。思想政治教育过程是教育者在遵循思想政治教育规律和要求的前提下，施加"有计划、有组织的教育影响，促使受教育者产生内在的思想矛盾运动，以形成一定社会所期望的思想品德的过程"[①]。美国教育家杜威认为教育即生活，教育即生长，教育即"经验改造"，提出与传统课堂、教材、教师"旧三中心论"相对的以学生、活动、经验为中心"新三中心论"。学生要主导"从一种不确定情境向确定情境的受控或有方向的转变，使其中作为构件的诸特性和关系变得如此确定，以使原有情境中的各要素转变为统一整体"[②]，并完成学习活动、获得成长经验，则绝不可脱离社会大课堂。第一，"社会"成为"课堂"意味着正式、正向而可控的教育影响产生。课堂一旦生成，则具有控制、目标导向、任务意识和自我效能的内在特征。因此，一般的环境虽然有正面或反面教育意义，却不具备课堂特性，社会中无教育主体和"自发的、盲目的影响，都属于环境影响"[③]。只有在教育主、客体具备主观自觉性和能动性的前提下，社会实践活动或生活本身才能促成有目的、有计划、有组织的教育影响，即完成"教育过程化"。第二，"社会"成为"课堂"意味着教育对象获得明确的目标任务指向。师生在社会大课堂中并非漫无目的地体验社会活动或生活，而是在指向明确的实践目标和具体任务指引下追寻个体之于社

---

① 陈万柏、张耀灿：《思想政治教育学原理》，高等教育出版社2015年版，第132页。

② [美]约翰·杜威：《逻辑：探究的理论》，邵强进、张留华、高来源等译，华东师范大学出版社2015年版，第77—78页。

③ 陈万柏、张耀灿：《思想政治教育学原理》，高等教育出版社2015年版，第133页。

会及自身的价值意义。社会大课堂的实践情境亦有利于学生完成感受问题、提出问题、作出假设判断、解决问题、验证假设以及得出结论等"五步曲"学习过程。如果学生在"课堂"所获得的仅仅是碎片化、无意义的经历，则"课堂"将陷入虚无。第三，"社会"成为"课堂"意味着教育对象思想转化和行为转变。在社会大课堂实践学习的学生通过观察、思考和解决现实问题，检验书本理论知识，化零散、感性、孤立、粗浅的观点为系统、理性、联合、精深的认知，思想矛盾被催生和化解，并外化为个体行为。与此同时，社会政治观念、价值观点、思想意识、道德和法制规范也将实现向学习主体的政治素质和思想品德的转化。因此，上述三个方面同时也是社会大课堂思政教育过程特征的具体展现。

三、社会实践活动满足大学生研究性学习需要

大学生已具备较为成熟的心智、一定的专业知识、充分的主观能动性、较强的独立自主意识以及个人成就动机，对运用个体素质、能力探究世界、解决问题意愿更强烈。这些条件决定了大学生在社会大课堂中的学习不是简单重复的知识技能学习，而是研究性学习。研究性学习作为基于建构主义学习理论提出的学习模式，是学生基于自身兴趣，"在教师指导下，从学习生活和社会生活中选择和确定研究专题，主动地获取知识、应用知识、解决问题的活动"[1]，具有学习内容的实践性、认知过程的完整性和学习方式的探究性等特质。"社会"成为"课堂"契合

---

[1] 《教育部关于印发〈普通高中"研究性学习"实施指南（试行）〉的通知》，2001 年 4 月 9 日，见 http://www.moe.gov.cn/srcsite/A06/s3732/200104/t20010409_82009.html。

研究性学习的三大特质。首先是契合学习内容的实践性以实现学以致用。社会大课堂中的学生并非仅拥有学生身份的被动"知识口袋",而是真实的社会政治、经济、文化、科技活动参与者甚至是贡献者,高校师生在复杂真实的学习情境中寻找研究方向,共同确定研究主题,选择研究方法,最终解决问题,实现对知识的运用。其次是契合认知过程的完整性实现学以致知。社会大课堂中的学生基于理解与迁移的学习方式,使个体原有认知结构在新的情境下产生迁移,在与社会和自然的交往中寻求人生价值意义,完成知识、理解、应用、分析、综合、评价的认知过程,增进知识的存量。第三是契合学习方式的探究性实现学以致慧。师生在社会大课堂中更倾向于合作者关系而非单纯的教与学的授—受关系,将以团队自主合作为组织形式,运用多样化学习策略对所获信息进行深加工,举一反三、求异思辨,除了砥砺品性之外还发展创新精神和思辨思维,增长个人智慧。就研究性学习特质而言,只有大学生的学、思、践、悟,党的人才培养理念及倡导的信念、价值、法纪贯穿于社会大课堂之中,"社会"才能称为"思政课堂",社会大课堂才能成为高校人才培养体系的重要有机构成。

第三节 课堂价值:"社会"何以成为"大课堂"

有了思政小课堂,为什么还要开好社会大课堂?这是因为,"不论学习还是工作,都要面向实际、深入实践,实践出真知;都要严谨务实,一分耕耘一分收获,苦干实干"[①]。"马克思主义不是书斋里的

---

① 习近平:《在北京大学师生座谈会上的讲话》,《人民日报》2018年5月3日。

学问""空谈误国,实干兴邦""社会主义是干出来的"决定了高校不是"象牙塔"和"桃花源"。"把宏大的时代、鲜活的实践、生动的现实所蕴含的丰富育人元素挖掘出来、整合起来、运用开来"①,为社会大课堂的价值功能添加清晰注脚。高校要从理论上认知、在实践上用好社会大课堂,需要明晰社会大课堂所具备的价值功能、所针对的现实问题以及亟待解决的高校思想政治教育困境。

一、用好社会大课堂是高校师生强本领、长才干的必由之路

高校思想政治工作者对"拔节孕穗期"的青少年负有精心引导栽培之责。这一方面要求教师富有"耕作培育经验",知晓"气候农时";另一方面也要让栽培对象经风历雨、接受砥砺。当前高校存在的一个较为突出问题是教育教学从书本到书本,学生缺乏实践,脱离社会实际和人民群众,以致知识不易消化,能力片面提升,理想信念迷失。社会大课堂是解决这一问题直接有效的对策。一是社会大课堂提高师生深刻理解和灵活运用马克思主义的能力。马克思主义的本质是实践的,精通马克思主义的目的全在于应用。"马克思主义的书要读,读了要消化。读多了,又不能消化,也可能走向反面,成为书呆子,成为教条主义者、修正主义者。"②要真正弄懂马克思主义,就要运用马克思主义。思政小课堂无数次理论灌输最终需要在社会大课堂中实践运用并产生现实感受,在进行理论验证的同时获得理论认

---

① 沈壮海:《"大思政课"我们要善用之:思考与探索》,《思想政治教育研究》2021年第3期。

② 《毛泽东年谱(1949—1976)》第五卷,中央文献出版社2013年版,第315页。

同。这一过程也是师生认识和改造主客观世界，形成价值判断和价值选择，将马克思主义内化为人生信仰，外化为行动践履和责任担当，扣好人生第一粒扣子的过程。二是社会大课堂不断增进师生本领才干和自我改造能力。《高等学校思想政治理论课建设标准（2021年本）》明确提出，"把思政小课堂与社会大课堂相结合，突出实践教学，将生动鲜活的实践引入课堂教学，将课堂设在生产劳动和社会实践一线，全面提升育人效果"。这为高校师生摆脱个体孤立、知识至上、固定僵化的学习模式创造外部条件。要运用丰厚的历史文化资源、前瞻的科技创新资源、鲜活的时代发展资源和能动的社会实践资源，使师生增长见识、能力和才干，实现对个人的自我改造和精神升华。三是社会大课堂提高师生对人民群众的服务力。"人民性"思维是高校思政课的主导思维。习近平同志在1990年与北京大学赴福建开展社会实践的学生座谈时就旗帜鲜明地指出，"不要认为学校中学到的知识是高超、万能的，只有到社会中与群众打成一片、扭到一起后，产生了社会责任感，才能获得真知灼见"[1]。社会大课堂学中做、做中学的现实情境、所呈现的真实问题及灵活形式，不仅能激发大学生学习兴趣和参与热情，提高大学生对思政课的获得感和满意度，更重要的是让当代青年见证人民群众创造历史的主体地位，运用专业知识技能为人民纾难解困的同时向群众传播马克思主义理论，在加强与群众的血肉联系中练就"我将无我，不负人民"的赤子之心。

---

[1] 《习近平与大学生朋友们》，中国青年出版社2020年版，第97页。

二、用好社会大课堂是高校"大思政"改革创新的必由之路

任何改革的推进都是为了解决现实矛盾。高校以往一定程度上存在思政教育方法手段滞后，针对性、时效性、亲和力不足，重校内教育轻校外实践，全社会关心支持高校思政工作的风气未开、合力未成的问题。党中央对高校思政课的性质定位、根本要求与高校思政课发展现状之间的矛盾是用好社会大课堂的关键动因。一是社会大课堂有助于全面提高高校思政课亲和力、吸引力和针对性。社会大课堂继承和发扬中国共产党理论联系实际、密切联系群众的优良作风，从广阔的历史和现实环境中汲取养分，用亲身经历扫除学生认识盲区，用发展成果解开学生思想疙瘩，用社会问题激发学习思考，有效破除思政小课堂的教条主义、形式主义，防止思政课"空对空""两张皮"。师生在社会大课堂中直面错误观点，传导主流意识形态，促进思政课价值性和知识性相统一；在社会实践中引导学生立鸿鹄志，决心做奋斗者，促进思政课理论性和实践性相统一；在不同场所运用不同主体及资源，因地、因时、因材施教，促进思政课统一性和多样性相统一；通过观察员、学习者、执行者、策划者甚至生产者、消费者的不同角色充分发挥学生主体性，促进思政课主导性和主体性相统一；引导学生在接受环境和教育主体影响的同时，在真实情境中发现、分析、思考问题并形成个人看法结论，促进思政课灌输性和启发性相统一。二是社会大课堂促进构建高校育人共同体，推动"三全育人"。社会大课堂是理直气壮开好思政课在全社会的响亮昭示。习近平总书记强调，"要建立党委统一领导、党政齐抓共管、有关部门各负其责、全社会协同配合的工作格局，推动形成全党全社会努力办好思政课、教师认真讲好思政课、学生积极学好思政课的良

好氛围"①。社会大课堂的课堂特质、要素需求及组织形式必然要求拓宽思政课活动场域，挖掘一切可能的主体及资源，使思想道德教育、学科专业教育、文化知识教育、劳动教育融会贯通于社会大课堂，校内学科教学、德育教学、科研学术、社会实践、学生管理与服务等工作，甚至学生党员、团员培育和管理工作统一于社会大课堂，最终形成育人共同体，有效破解思政课理论与实践脱节、思政课与专业课脱节、教育主体缺乏互动协作等问题，推动校内校外、不同课程、多种实践同向同行，形成"三全育人"协同效应，促进思政课显性教育和隐性教育相统一。

三、用好社会大课堂是高质量培养社会主义建设者和接班人的必由之路

高校通过培养德智体美劳全面发展的社会主义建设者和接班人而落实"为党育人、为国育才"的使命，实现为人民、国家和民族发展服务的重要使命。其中，德智体美劳全面发展回答"培养什么人"，社会主义建设者和接班人回答"为谁培养人"，"大思政"及社会大课堂则回答"如何培养人"以及培养的人如何学习践行重要使命。前两者最终统一实现于后者。一方面，社会大课堂加快落实"为党育人、为国育才"的使命。成为社会主义建设者和接班人需要练就过硬本领，而成为有理想、有学问、有本领的实干家并不是一朝一夕的事情。社会大课堂创新并拓展"为党育人、为国育才"的主体、路径、载体与方法，为大学生在正式踏入社会之前提供历练平台，创造参与社会劳动的机会。生动的现实课堂为大学生启智养德，引导高校师生教学相长、知能并进，不断

---

① 习近平：《论党的宣传思想工作》，中央文献出版社 2020 年版，第 387 页。

练就想干事的思想觉悟、能干事的能力本领、敢干事的勇气魄力、干成事的过硬素质,最终提高大学生深刻理解和灵活运用马克思主义的能力、对人民群众的服务力,增长本领才干和自我改造能力,为大学生成长为国家和民族的栋梁之材打下坚实基础。另一方面,社会大课堂促进巩固社会主义意识形态阵地。高校是党和国家意识形态的前沿阵地,高校思想政治工是学校一切工作的生命线,高校师生是意识形态争夺的主要对象。社会大课堂的实践活动是个体理想、信念、情怀的具体对象化,折射出参与主体的价值选择和价值判断。社会大课堂教育主客体间相互影响的同时,共同对课堂之外的社会个体、组织产生影响。通过参与社会大课堂,高校师生不断增强作为中国人的志气、骨气、底气和勇气,增进对强国建设、民族复兴伟业的思想认同、理论认同和情感认同,厚植爱党、爱国、爱社会主义情感,历练个人政治判断力、政治领悟力、政治执行力,做社会主义核心价值观的坚定信仰者、积极传播者、模范践行者,成为巩固社会主义意识形态防线的重要生力军。

第四节 课堂比较:社会大课堂以何区别、 联系思政小课堂

"社会课堂"之"大",既可直接归因于"课堂"所处的广阔社会环境,又可彰显于与传统思政小课堂的横向比较。一方面,即使同为课堂,社会大课堂在活动主体、课堂建制、特性、内容及预期效果等方面与思政小课堂有着质的差别。另一方面,社会大课堂与思政小课堂统一于思政课的课程哲学基础,统一于学生的自我认知和成长,统一于"大思政"改革创新,统一于为党育人、为国育才的既定目标和进程,统一于马克

思主义理论和实践相互印证，二者既相互独立又紧密联系，既互为条件又互相促进，均构成支撑"大思政"格局的重要一极。

一、社会大课堂主体、特性、建制及目标与思政小课堂对照鲜明

相较于校园思政小课堂偏重马克思主义认知，社会大课堂则注重马克思主义践行，在遵循"铸魂育人"的价值导向下强调"社会"即"课堂"，引导师生认知社会，解决问题，开阔眼界，增长才干，淬炼毅力品行，故而在多个方面形成与思政小课堂的鲜明对照。一是课堂活动主体差异。思政小课堂的教育主体是学校教师，而社会大课堂教育主体建构则倡导以"人民为师"的"大师资"理念，教育主体包括学校教师、校内其他教育工作者以及可以承担社会大课堂实践活动组织、指导职责的社会个体、组织甚至学生自身。在学习主体方面，高校教师及其他教育工作者也能与大学生同样成为社会大课堂的学习主体，充当学生角色并获得教益。二是课堂特性差异。"马克思主义是在实践中形成并不断发展的，要高度重视思政课的实践性"，说明社会大课堂作为思政课堂，与思政小课堂的根本区别在于突出思政教育的实践性。虽然与思政小课堂同样具备课堂主体、介体和环境要素，但社会大课堂突破了传统思政课狭隘空间，实践性使得课堂背景更宏大，课堂环境更亲和，课堂问题更有现实意义，课堂资源素材更丰富多元，课堂案例更鲜活和有生命力，课堂呈现更隐蔽潜藏，课堂角色更积极主动，课堂摆脱"说教感"，更有"思政味"。三是课堂建制差异。思政小课堂一般以班级建制开展课堂活动，而社会大课堂的建制灵活机动，除了传统的班级活动，还可以组织个体分散活动、小组活动甚至是跨专业、跨学院、跨学校的团队协

作活动。四是课堂目标及预期效果差异。思政小课堂侧重于理论认知，社会大课堂更有利于完成从理论到实践的转化，即实现大学生"政治社会化"，使青年个体融入社会，参与公共生活，改造社会并实现自我价值，增强学习独立性和自我效能感，在知、情、意、行等方面产生质的飞跃，起到书本教材、教师灌输、教室固定环境所达不到的功效，但课堂效果因其潜隐性更不易被准确评价。

二、社会大课堂与思政小课堂内外联动回应时代关切、获得社会支撑

一是社会大课堂与思政小课堂形成校内校外有机联动。首先，社会大课堂以社会实践与思政小课堂有机联动。社会大课堂是在思政小课堂基础上辐射、拓展至社会领域的思政课堂形态。"社会"之所以成为"课堂"，有一个重要原因是社会实践本身就是思政小课堂的重要任务。"全部社会生活在本质上是实践的。凡是把理论引向神秘主义的神秘东西，都能在人的实践中以及对这种实践的理解中得到合理的解决。"①师生只有走进社会大课堂观察体悟世界，通过实践"以'小我'融'大我'、以青春献祖国"，才能真正吸收思政小课堂所传递的理论方法、理想信念和价值观念。其次，社会大课堂以补足短板与思政小课堂有机联动。一方面，社会大课堂补足思政小课堂的环境短板。思政课堂既要有校园小环境，更要有社会大环境。历史场馆、艺术空间、网络平台、工厂企业、科研机构、城镇乡村等特定社会环境的拓展与应用，潜隐式地对大学生完成"传道、授业、解惑"，有效弥补思政小课堂环境窄化、僵化

---

① 《马克思恩格斯文集》第一卷，人民出版社2009年版，第501页。

及影响弱化的不足。另一方面，社会大课堂补足思政小课堂的内容短板。社会大课堂实践活动具有清晰的问题指向性，强调"社会"作为"课堂"是为了破解思政课"入脑入心"所面临的困境，"亿万中国人已经书写和正在书写的时代篇章"[1] 提供丰厚的思政课堂内容，促进解决思政小课堂内容虚化、视野窄化、脱离实际的问题。

二是社会大课堂为思政小课堂回应时代关切和发展需求。首先，思政小课堂需要用社会大课堂回应时代关切。思政小课堂用学术导认同、用理论讲政治，而政治立场、价值认识最终需要回归并应用到广阔的社会现实。法国社会学家涂尔干认为，教育的功能在于塑造"社会我"，使年轻一代系统社会化，使特定社群的个体具有其全体成员必须具备的某些身心状况，而实现这一功能的正是整个社会以及居于其中的特定环境和具体实践。当代大学生要想对社会主义新发展理念的理解更全面准确，对社会经济发展、城市治理、民生共享、生态环保和科技创新的体察更客观，对中国道路、理论、制度和文化成就的认识更深刻并坚定"四个自信"，需要投身社会大课堂。其次，思政小课堂需要用社会大课堂回应社会发展需求。道不可坐论，德不可空谈，投身社会大课堂即是放飞个人青春梦想。"时间之河川流不息，每一代青年都有自己的际遇和机缘，都要在自己所处的时代条件下谋划人生、创造历史。"[2] 大学生在思政小课堂激发出的理想豪情只有投身波澜壮阔的时代洪流，置身飞速的社会变迁，通过社会大课堂参与社会治理，践行以人民为中心的理念，自觉融入当下发展中国特色社会主义事业、建设社会主义现代化强

① 《"'大思政课'我们要善用之"（微镜头·习近平总书记两会"下团组"·两会现场观察）》，《人民日报》2021年3月7日。

② 习近平：《青年要自觉践行社会主义核心价值观——在北京大学师生座谈会上的讲话》，人民出版社2014年版，第3页。

国、实现中华民族伟大复兴的奋斗之中,才能真正把"爱国情、强国志、报国行"变现为时代青年义不容辞的共同行动。

三是社会大课堂为思政小课堂赢得社会支撑力量。"教材给出的是教学的基本结论和简要论述,要让不同类型的学生都爱听爱学、听懂学会,需要做很多创造性工作。要在教学过程中进行多样化探索,通过多种方式实现教学目标。"①高校思政课的创造性工作和多样化探索离不开社会支持,思政小课堂改革推进也要与校外世界形成良性互动机制。第一,高校思想政治教育工作增效提质需要社会支持。一方面,从书本到书本难以产生好的教学效果,高校思政课教师要打破闭门备课授课就要经受社会洗礼,丰富实践经验。另一方面,高校还需要从社会各行各业各领域补充优质特聘教师、兼职教师。第二,思政小课堂需要鲜活的社会素材和资源。"思政课教学涉及马克思主义哲学、政治经济学、科学社会主义,涉及经济、政治、文化、社会、生态文明和党的建设,涉及改革发展稳定、内政外交国防、治党治国治军"②,课堂内容的高度综合性、复杂性和教材的滞后性、低容量形成对比,意味着要源源不断地开发运用好社会素材,将社会大课堂的热点问题、模范人物、典型案例带进思政小课堂。第三,思政小课堂论题的真伪、善恶、对错需要在社会大课堂检验印证。教师在思想小课堂把涉及深层次理论和实践的尖锐敏感问题讲清楚讲透彻并不容易。大学生要透彻地掌握理论,恰当地运用理论,需要理论联系实际,深入社会发展的方方面面,明晰社会的变与不变,审视发展成就与问题,在感受社会主义优越性的同时前瞻性地思考国家发展的机遇和挑战。真实的社会场景和多样的研学空间行润物无

---

① 习近平:《论党的宣传思想工作》,中央文献出版社2020年版,第385页。
② 习近平:《论党的宣传思想工作》,中央文献出版社2020年版,第378页。

声的不言之教，帮助解答学生对重大理论和现实问题的困惑，成为检验真伪、善恶、对错的"实验室"。

本章结语

"横看成岭侧成峰，远近高低各不同"。多维度认识相较于单一维度认识，所产生的不仅是认知上的数量差别，更是对于社会大课堂认知理解上质的差异。从历史维度察知社会大课堂从哪里来到哪里去，有利于充分把握曾经的发展轨迹和当下的历史方位，直面高校目标责任和问题困境。从性质维度抓住社会大课堂的核心概念和元问题，以"课堂"的教育属性明晰社会大课堂的范畴与边界，有利于准确判断社会活动或生活"教育过程化"应具备的特质与条件，有效预防社会大课堂陷入泛化和虚无的陷阱。从价值维度审视社会大课堂逐渐焕发强大生命力的内在动因和促进解决高校思政教育改革发展矛盾的功能属性，有利于深入领会社会大课堂对青年个体、广大高校、党和国家的重要现实意义。从比较维度剖析"大思政"格局中社会大课堂与思政小课堂互通、互动、互补、互益，既对立统一又融会贯通的相互关系，有利于充分厘清二者区别与联系，汇聚二者合力共同回应党的建设、国家发展、民族复兴、社会进步、个体成长对高校人才培养的诉求，同步推进高校思政教育的自我革命。社会大课堂的多维认知和阐释既是运用马克思主义对具体事物从感性到理性、从个体到一般的认识升华过程，也是马克思主义的辩证唯物主义认识论在高校思想政治教育领域的具体应用。

彻底认知是为了有效建构。把握好社会大课堂发展脉络、性质特征、问题旨向及意蕴价值，明晰与思政小课堂相互关系，可以更好地挖掘相关主体、要素、资源，构建"大课堂"育人共同体，创设"社会"

转化为"大课堂"的要素结构，实现用好社会大课堂的目标。在社会大课堂有意义建构中，师生坚持问题导向和现实导向，聆听时代强音，以更深厚的大情怀、更宽广的大视野、更接基层地气的形式、更深入人民群众的方法体察马克思主义在中国的发展创新，通过运用马克思主义分析和解决实际问题从而让马克思主义成为看家本领，坚定马克思主义信仰和共产主义远大理想，擦亮中国特色社会主义大学的鲜亮底色，最终成就"社会课堂"之"大"。社会大课堂有效建构过程也将成为破解高校思想政治教育针对性、亲和力和有效性不足等难题的必然进程。

第八章　社会大课堂实践论纲

习近平总书记关于社会大课堂的重要论述是马克思主义实践观在人才培养领域的重要理论创新，内涵着新时代高校思政工作三重实践性，为思政课改革创新提供根本遵循和实践引领。其中，为党育人、为国育才的教育实践要求用好社会大课堂胸怀"大计""大局""大本""大要"和"大业"等"国之大者"情怀格局；共同体建设实践要求用好社会大课堂要有大主体观，服务社会大课堂举办及顶层设计主体，构建社会大课堂规划及平台搭建主体，用好社会大课堂设计及过程组织主体，遴选社会大课堂推进及具体实施主体；活动实践要求用好社会大课堂有大资源观，汇聚丰厚历史文化资源、鲜活时代发展资源、前瞻科研学术资源和能动社会活动资源。

有了思政小课堂，为什么还要社会大课堂？原因正如习近平总书记强调的那样："不论学习还是工作，都要面向实际、深入实践，实践出真知；都要严谨务实，一分耕耘一分收获，苦干实干。"① 现实中的社会大课堂总是存在，中国共产党历来有理论联系实际，善读"无字之书"，善走群众路线的优良传统。党的十八大以来，习近平总书记

---

① 习近平：《在北京大学师生座谈会上的讲话》，《人民日报》2018年5月3日。

赋予社会大课堂更深刻的内涵意蕴、更重要的价值功能和更宽广的适用范畴，对社会大课堂的理论创见和顶层设计为高校思政课改革提供根本遵循和实践引领，予以大学生认识和改造主客观世界正确方法论指导。

第一节　社会大课堂具有马克思主义鲜明实践性

社会大课堂是青少年树立马克思主义实践观，强本领、长才干的练习课堂。习近平总书记高度重视青年的社会历练和对马克思主义实践观的继承、运用和传扬，曾指出："当年，我在梁家河插队，实际上就是在上社会大学，向群众学习，向实践学习，那段经历让我受益匪浅。"[①]习近平总书记的青年奋斗史就是扎根基层，在社会大课堂历练的实干史，为新时代大学生走进社会大课堂树立优秀典型样本。对于思政课的理论性与实践性如何统一这一重要论题，习近平总书记感触于自身成才经历，着眼于时代青年历史责任，致力于中国共产党接班人赓续培养，开创性提出思政小课堂同社会大课堂相结合的重要论断："马克思主义是在实践中形成并不断发展的，要高度重视思政课的实践性，把思政小课堂同社会大课堂结合起来，在理论和实践的结合中，教育引导学生把人生抱负落实到脚踏实地的实际行动中来，把学习奋斗的具体目标同民族复兴的伟大目标结合起来，立鸿鹄志，做奋斗者。"[②]强调："思政课不仅应该在课堂上讲，也应该在社会生活中来讲……'大思政课'我们要

① 《习近平关于青少年和共青团工作论述摘编》，中央文献出版社 2017 年版，第56 页。

② 习近平：《论党的宣传思想工作》，中央文献出版社 2020 年版，第 385 页。

善用之,一定要跟现实结合起来。"①

　　"实践性"是社会大课堂的本质属性,用好社会大课堂强调思政课对马克思主义实践观的把握和运用。"马克思主义是在实践中形成并不断发展的,要高度重视思政课的实践性"内涵,社会大课堂作为思政课堂,与思政小课堂的根本区别是突出教育的实践性;"把思政小课堂同社会大课堂结合起来,在理论和实践的结合中"所凸显的是在社会大课堂开展实践的教育性;"教育引导学生把人生抱负落实到脚踏实地的实际行动中来,把学习奋斗的具体目标同民族复兴的伟大目标结合起来"揭示社会大课堂以小我融大我、将抱负落实地的实践功能;"立鸿鹄志,做奋斗者"则是社会大课堂实践目标,以"社会"之名体现整个大社会也是思政课的实践空间。同时,社会大课堂是对应并独立于思政小课堂的人才培育社会实践体系,蕴含着新时代高校思政工作三重实践性。

一、用好社会大课堂是为党育人、为国育才的教育实践

　　"办好思政课,最根本的是要全面贯彻党的教育方针,解决好培养什么人、怎样培养人、为谁培养人这个根本问题。"② 社会大课堂是思政课的重要场域和存在形态,为党育人、为国育才是社会大课堂的建设旨归。事关国家、民族全局和未来,事关破解高校思政改革困境决定了社会大课堂的不可或缺性和不可替代性。第一,用好社会大课堂是弥补思政小课堂短板、回应时代关切和发展需求的教育实践。习

---

　　①　《"'大思政课'我们要善用之"(微镜头·习近平总书记两会"下团组"·两会现场观察)》,《人民日报》2021年3月7日。

　　②　习近平:《论党的宣传思想工作》,中央文献出版社2020年版,第377页。

近平总书记在多个场合就大思政改革作出系列重要论述，强调"开门"办思政课，弘扬理论联系实际的马克思主义学风。一方面，社会大课堂实践活动具有清晰的现实和问题指向，为思政课提供宏大的社会背景、亲和的课堂环境、多元的课堂素材、鲜活的课堂案例、积极的课堂主体，弥补思政小课堂的短板。另一方面，师生"在学习和研究马克思主义的时候，一定要带着强烈的现实关怀和问题意识，紧密联系世情、国情、党情的变化，去探索和平发展的中国道路、中国方案"①。社会大课堂有别于思政小课堂对理论认知的侧重，着眼于理论到实践的转化，引导青年个体参与公共生活，融入、观察、改造社会并实现自我价值，从而坚定理想信念，厚植爱国情怀，加强品德修养，增长知识能力，培养奋斗精神，完成"政治社会化"，是高校落实立德树人根本任务的重要渠道。第二，用好社会大课堂是高质量培养为人民谋幸福、为民族谋复兴的奋斗者的教育实践。社会大课堂是扎根中国大地办教育的生动践行，最终目的是将具有主观能动性和创造性的学生转化成奋斗者。这个奋斗者不是"长着中国脸，不是中国心，没有中国情，缺少中国味"②，为别的什么事业奋斗的人，而是有着中国脸、中国心、中国情、中国味，为中华民族伟大复兴、人民美好生活和共产主义远大理想奋斗的社会主义建设者和接班人。学校师生在社会大课堂以观察者、策划者、研究者、执行者等参与者身份发挥主观能动性和创造力，把论文写在祖国大地上，同时为自己解开思想疙瘩，激发社会责任，学懂弄通马克思主义理论，站稳马克思主义立场，运用马克思主义方法，继承优良作风，实现对马克思主义真学、真懂、

---

① 《习近平与大学生朋友们》，中国青年出版社 2020 年版，第 335 页。

② 习近平：《论党的宣传思想工作》，中央文献出版社 2020 年版，第 343 页。

真信、真用,践行"请党放心、强国有我"的青春誓言。

二、用好社会大课堂是多元主体同向同行的共同体建设 实践

"学校思想政治工作不是单纯一条线的工作,而应该是全方位的"①,"建立党委统一领导、党政齐抓共管、有关部门各负其责、全社会协同配合的工作格局,推动形成全党全社会努力办好思政课、教师认真讲好思政课、学生积极学好思政课的良好氛围"②,是习近平总书记对协同育人提出的要求。第一,社会大课堂是在"培养什么人、怎样培养人、为谁培养人"上凝聚社会共识、汇聚合力的新契机。毛泽东同志曾提出:"思想政治工作,各个部门都要负责任。共产党应该管,青年团应该管,政府主管部门应该管,学校的校长教师更应该管。"③新时代,用好社会大课堂则是一项全要素协同,校、政、社、家合力的复杂系统工作,是新时代理直气壮开好思政课在全社会的响亮昭示。社会大课堂有利于原先分离的学科教学体系、德育体系、科研体系、社会实践体系、管理与服务体系,以及学生党员、团员培育体系的校内外教育主体组织化、体系化,使"'大思政课'我们善用之"的"我们"统一认识、共同行动,最终形成同向同行的育人合力,"发挥融入式、嵌入式、渗入式的立德树人协同效应"④。第二,社会大课堂是思政课"因事而化、因时而进、因势而新",以主体建设汇聚教育资源,拓展教育时空的新

① 习近平:《论党的宣传思想工作》,中央文献出版社 2020 年版,第 389 页。
② 习近平:《论党的宣传思想工作》,中央文献出版社 2020 年版,第 387 页。
③ 《毛泽东文集》第七卷,人民出版社 1999 年版,第 226 页。
④ 习近平:《论党的宣传思想工作》,中央文献出版社 2020 年版,第 389 页。

办法。社会大课堂的课堂特质、要素需求及组织形式必然需要打破时空限制，拓宽思政场域，挖掘一切可能的主体、环境及资源。一方面，在社会大课堂，学生走到哪里，思想政治工作就做到哪里，哪里就有相应教育主体，教育主体同时也是教育资源的携带者，利于把社会大课堂的广阔历史与鲜活时代中的多元育人素材资源挖掘出来、整合起来并运用开来。另一方面，在社会大课堂，历史场馆、艺术空间、网络平台、工厂企业、科研机构、城镇乡村等特定时空环境得到拓展与应用，潜隐式地对大学生完成"传道、授业、解惑"，是对高校思想政治工作困境与矛盾对症下药、标本兼治的良方。

三、用好社会大课堂是师生在具体情境中德、知、能并进的活动实践

"社会是个大课堂。青年要成长为国家栋梁之材，既要读万卷书，又要行万里路。"① 时代是思想之母，实践是理论之源，习近平总书记多次强调马克思主义不是书斋里的学问，建议时代青年要以知促行、以行求知、知行合一。首先，投身社会实践是社会大课堂的逻辑起点。马克思主义的世界观和方法论、中国共产党实事求是思想路线和从群众中来、到群众中去的根本工作方法，都要求时代青年深入社会、亲近人民，理论联系实际来改造主观、客观世界。习近平总书记在知识分子、劳动模范、青年代表座谈会上指出："所有知识要转化为能力，都必须躬身实践。要坚持知行合一，注重在实践中学真知、悟真谛，加强磨

---

① 《习近平关于青少年和共青团工作论述摘编》，中央文献出版社 2017 年版，第 55 页。

练、增长本领。"①"纸上得来终觉浅，绝知此事要躬行"，只有对现实问题进行深入观察思考，通过实践检验书本理论，化零散、孤立、粗浅、感性的观点为系统、联合、精深、理性的认知，加深对理论的理解和运用，才能实现对理论的真正掌握。第二，德、知、能并进是社会大课堂的成效预期。社会大课堂提供学中做、做中学的真实情境，"促进学生德智体美劳全面发展，培养学生爱国情怀、社会责任感、创新精神、实践能力"②。社会大课堂打破固定的校内学习模式，实行多主体合作，创设多样实践活动，师生带着问题和任务走进社会深处、基层，运用实践观、群众观、发展观、矛盾观等马克思主义观点认识和改造社会，"学生支教、送知识下乡、志愿者行动等活动，都展现了学生的风貌和服务社会、报效国家的情怀。许多学生正是在这样的社会实践和社会活动中树立了对人民的感情、对社会的责任、对国家的忠诚"③。第三，巩固主流意识形态是社会大课堂的外部效应。学校是意识形态前沿阵地，学校师生是不同意识形态争夺的主要对象，高校思政课的政治属性和传导主流意识形态的职责任务也是用好社会大课堂的重要动因。师生在社会大课堂中感受发展成就，认知发展矛盾，增进对中国共产党的思想、理论和情感认同，厚植爱党、爱国、爱人民、爱社会主义情感，积极传播并模范践行社会主义核心价值观，客观上发挥巩固意识形态防线的重要作用。

---

① 《习近平关于青少年和共青团工作论述摘编》，中央文献出版社 2017 年版，第 53 页。

② 习近平：《在教育文化卫生体育领域专家代表座谈会上的讲话》，《人民日报》2020 年 9 月 23 日。

③ 《习近平关于青少年和共青团工作论述摘编》，中央文献出版社 2017 年版，第 55—56 页。

第二节 教育实践要求用好社会大课堂胸怀 "国之大者"情怀格局

社会大课堂研讨和回答的不是某门学科的具体问题，而是关乎为谁培养人、培养什么人、怎样培养人的立场，关乎个人世界观、人生观、价值观养成，关乎社会发展理论、制度、道路选择的大问题。思政课的特殊地位和为党育人、为国育才的重要职能决定了胸怀"国之大者"情怀格局、关注时代大课题是用好社会大课堂、汇聚全社会"大先生"、培养出利国利民大人才的应有之义。

"敬教劝学，建国之大本；兴贤育才，为政之先务。"扎根中国大地办好中国特色社会主义大学、把论文写在祖国大地上就是高校用好社会大课堂的最大底气和动力。第一，用好社会大课堂要具有教育为百年大计的格局站位。高校培养出有理想、有担当的青年，国家才有前途，民族才有希望。思政课是落实立德树人根本任务、武装青年头脑的"人生大课"，"思政课教师要有家国情怀，心里装着国家和民族，在党和人民的伟大实践中关注时代、关注社会，汲取养分、丰富思想"[1]。第二，用好社会大课堂还要"教育引导学生把自身的理想同祖国的前途、把自己的命运同民族的命运紧密联系在一起"[2]，让爱国主义精神在学生心中牢牢扎根，帮助学生树立正确的历史观、民族观、国家观、文化观。格局情怀是具体的也是实践的，社会大课堂在贯通理论和实践、国内和国际、历史和现实、课内与课外中回应师生关切，引导大学生以实践与新

---

① 习近平：《论党的宣传思想工作》，中央文献出版社 2020 年版，第 380 页。
② 习近平：《论党的宣传思想工作》，中央文献出版社 2020 年版，第 346 页。

时代同频共振，延续爱国的中华民族精神基因，不断增强志气、骨气、底气和勇气，将"精忠报国"树为人生追求。

社会大课堂背靠国内国际两个大局。"办好思政课，要放在世界百年未有之大变局、党和国家事业发展全局中来看待，要从坚持和发展中国特色社会主义、建设社会主义现代化强国、实现中华民族伟大复兴的高度来对待。"①这两个大局是高校师生在社会大课堂中需要正确认识和把握的"国之大者"。在百年未有之大变局的背景下和中华民族伟大复光的关键期，一方面国际变局加速演进，不同道路、制度及意识形态的交锋中"东治西乱""东升西降"对比鲜明；另一方面国内脱贫攻坚全面胜利，小康社会全面建成，我国迈上全面建设社会主义现代化国家新征程、向第二个百年奋斗目标进军。外部愈生变，内部愈要稳中求进，高校师生的视野格局形成并展现于社会大课堂对国际国内发展局势的关切、国家发展危与机的回应以及各项事业的生动实践中。高校迫切需要把握好人才培育的实践性，以社会大课堂建设之"矢"射培养社会主义建设者和接班人之"的"。

"要自觉讲政治，对国之大者要心中有数，关注党中央在关心什么、强调什么，深刻领会什么是党和国家最重要的利益、什么是最需要坚定维护的立场。"②办好中国的事情，关键在党，"坚持党的领导"是中国共产党百年奋斗史的宝贵经验。一方面，社会大课堂要旗帜鲜明讲政治，高校师生在融入社会的同时坚决维护党的集中统一领导，不仅要在社会大课堂中紧跟党中央步伐，吃透党中央精神，还要结合地方实际开展调查研究，深入基层传播马克思主义，践行党中央关

① 习近平：《论党的宣传思想工作》，中央文献出版社 2020 年版，第 375 页。
② 《习近平谈治国理政》第四卷，外文出版社 2022 年版，第 39 页。

心、强调的大事，将自身发展成传递党的政策理论、巩固意识形态防线、践行群众路线的重要生力军。另一方面，在社会大课堂实践中参与解决社会治理难题，坚决反对和纠正社会中与"四个意识""四个自信""两个维护"相背离的现象及问题，敢于、善于同违背党的政治规矩、大政方针的丑恶错误现象说不，在实践中不断历练提高个人政治判断力、政治领悟力、政治执行力，通过社会大课堂把自身打造成时代答卷人。

"实现中国梦是一场历史接力赛，当代青年要在实现民族复兴的赛道上奋勇争先。"① 从民族复兴的宏图伟业来看，大学生对"国之大者"心中有数就要强化中华民族伟大复兴的青年担当。第一，涵养"家国天下"大情怀。"家国"是人民的"家国"，"家国天下"大情怀既有中华传统文化的优秀基因，又内涵以辛勤劳动实现国家富强、民族振兴、人民幸福的现实奋斗。通过社会大课堂的历练，使时代青年增进对民族和人民的深厚感情，形成超越个人利益的情感关切、精神追求。第二，参与书写新时代发展大篇章。社会大课堂不是真空环境，而是生动活泼的现实生活，是行进中的改革发展大潮，是党领导中国人民正在统筹推进"五位一体"总体布局和协调推进"四个全面"战略布局。高校师生走进这样一个动态社会大课堂，就是参与民族复兴伟大进程和中国特色社会主义理论、道路、制度及文化发展创新，并见证二者的同一性。

"鲜活的思政课素材，正是亿万中国人已经书写和正在书写的时代篇章。那里，有人民的英雄，有英雄的人民，有'第二个百年'新征

---

① 习近平：《在庆祝中国共产主义青年团成立 100 周年大会上的讲话》，《人民日报》2022 年 5 月 11 日。

程上的阔步向前。"① 人民的美好幸福生活就是"国之大计","人民性"思维是用好社会大课堂的思维主线,高校用好社会大课堂就是要让青年见证人民群众创造历史的主体地位,认识人民群众需求、意愿与意志,在加强与群众的血肉联系中练就"我将无我,不负人民"的赤子之心。第一,以社会大课堂涵育人民情怀,增进了解民生疾苦,学习人民先进典型的机会。习近平总书记指出,"不要认为学校中学到的知识是高超、万能的,只有到社会中与群众打成一片、扭到一起后,产生了社会责任感,才能获得真知灼见"②。第二,以社会大课堂涵育劳动情怀,创设为人民纾难解困的服务机会。劳动创造幸福,实干成就伟业,也唯有劳动才能造就德才兼备的人才。社会大课堂又是劳动实践课堂,推进以劳树德、以劳健体、以劳增智、以劳培能、以劳育美,教育引导学生崇尚和尊重劳动,体验劳动艰辛,热衷劳动创造,珍惜劳动成果,热爱劳动人民,不断涵养"劳动最光荣、劳动最崇高、劳动最伟大、劳动最美丽"③的情怀品性,使社会大课堂发挥劳动必修课功效价值。

第三节　共同体建设实践要求构筑社会大课堂大主体

　　谁来构成社会大课堂育人共同体的主体?关于思想政治教育主体论题,目前已有"教师主体论""学生主体论""教师—学生双主体论"以

---

① 《"'大思政课'我们要善用之"(微镜头·习近平总书记两会"下团组"·两会现场观察)》,《人民日报》2021年3月7日。

② 《习近平与大学生朋友们》,中国青年出版社2020年版,第97页。

③ 习近平:《论党的宣传思想工作》,中央文献出版社2020年版,第350页。

及"教师主导—学生主体论"等多种观点,这些论断以直接的师生关系为前提来确定教育主客体关系。马克思主义教育观中的人不是处于主客体对立关系中的抽象的人,而是具有明确阶级归属的"现实的人"。因此,高校教师是社会大课堂育人主体,但社会大课堂育人主体并不局限于从事具体教育教学工作的高校教师。办好思政课是全社会的事情,社会大课堂所需的大格局、大情怀、大功能决定了,社会大课堂育人主体涵盖处于社会大课堂教育关系网络,在各自职责范畴承担责任、发挥功效的组织和个体。

一、服务社会大课堂举办及顶层设计主体

中国共产党的阶级属性、政党宗旨、历史使命,以及思想政治教育为党育人、为国育才的政党、阶级和国家属性及其价值指向,决定了中国共产党是学校思想政治教育的举办者及顶层设计者,是社会大课堂的最高育人主体,在众多社会大课堂育人主体中担当核心主导力量,对社会大课堂建设承担掌控方向、确定目标和制定政策等宏观调控职能。正是中国共产党有着实践第一的理论品格、实事求是的思想路线、向人民虚心求教的态度和全心全意为人民服务的宗旨,才产生学校"大思政"的宏大构想和对社会大课堂的大力倡导。因此,用好社会大课堂要服务国家发展大局,服务党的人才培养需要,服务党中央对思想政治工作的顶层设计和规范引导。

二、构建社会大课堂规划及平台搭建主体

习近平总书记在全国教育大会上指出,"办好教育事业,家庭、学

校、政府、社会都有责任"①。学校、地方党委和政府、社会均是中国共产党这一最高育人主体的一级代理主体,共同执行党和国家思想政治建设理念、目标及相应政策制度,成为高校社会大课堂平台搭建者、建章立制者和课堂规划者,合力打造各地社会大课堂生态结构,是社会大课堂主体的关键力量。第一,高校是培养人才的专门机构,是社会大课堂的当然主体。第二,"各级党委要把高校思想政治工作摆在重要位置,加强领导和指导,形成党委统一领导、各部门各方面齐抓共管的工作格局"②,说明各级党委、政府对高校思政工作的领导和服务职能,责无旁贷地成为社会大课堂教育主体。第三,思想政治教育本身就是一种特殊的社会活动,受制并作用于社会政治经济文化。然而,社会要成为社会大课堂的教育主体,党委、政府需要协调各个部门、统筹各行各业各领域对高校社会大课堂建设予以实际支持。以上海市为例,组建市文明办、市教委、市青少年学生校外活动联席会议办公室,有效整合社会各方资源搭建"一站、多点、全覆盖"的社会大课堂运行平台,建立"三级投入、街镇主导、多方联动"管理模式,最终实现社会大课堂的社区全覆盖和各学段未成年人全覆盖,是其社会大课堂建设的成功经验,为其他地方及学校供以借鉴。

三、用好社会大课堂设计及过程组织主体

社会大课堂的设计及过程组织主体是社会大课堂最高育人主体的二级代理主体,是处于社会大课堂育人共同体中间层的重要支撑力量,成

---

① 《习近平关于注重家庭家教家风建设论述摘编》,中央文献出版社 2021 年版,第 69 页。

② 习近平:《论党的宣传思想工作》,中央文献出版社 2020 年版,第 278 页。

为社会大课堂制度执行者、平台操作者、课堂实践策划者。《关于深化新时代学校思想政治理论课改革创新的若干意见》提出，要坚持开门办思政课，推动思政课实践教学与学生社会实践活动、志愿服务活动结合，鼓励党政机关、企事业单位等就近与高校对接，挂牌建立思政课实践教学基地，完善思政课实践教学机制。在高校和地方党政部门合作推进社会大课堂平台及制度建设，设计"课堂"运行规则，构思"课堂"发展思路，初步形成当地学校社会大课堂生态体系的前提下，校内二级机构和校外各级各类机构、组织通过参与社会大课堂建设逐渐形成深层次互动机制。在高校内部，马克思主义学院和各学科专业学院、基层党组织以及学工、团委、宣传等管理服务部门是主要主体。在校外，街道社区、乡镇农村、公共事业单位、社会经济组织、科研院所、公共教育场馆、公益志愿组织以及社会主流媒体等凡主动或受邀参与社会大课堂的建设者，均有可能成为社会大课堂设计及过程组织主体。

四、遴选社会大课堂推进及具体实施主体

社会大课堂一线的育人主体是组织开展社会实践，与学生直接接触并产生影响的社会个体。以人民为师是社会大课堂的重要价值导向，其教育主体来自高校教师，也可能是大学生自我身份的转化，但更广泛的教育主体则来自广阔社会，是具有价值引领功能的社会成员，他们共同成为夯实社会大课堂地基的基础支撑力量。"办好思想政治理论课关键在教师，关键在发挥教师的积极性、主动性、创造性。"[①] 在校内，包括思政课教师、课程思政教师、学生辅导员、基层党组织负责

---

① 习近平：《论党的宣传思想工作》，中央文献出版社 2020 年版，第 378 页。

人以及高校其他管理、服务工作者在内的教育工作者,是社会大课堂的教育主体。在校外,名家大师、革命英雄、"时代楷模"、改革先锋、青年榜样,国家重大事件、重大政策、重大工程的主导者、参与者、亲历者等为国家建设改革发展作出突出贡献的个人或群体,地方党政领导干部、社会公益志愿者、公共教育场馆工作者、有正面社会影响力的公众人物等一切愿意投身社会大课堂建设,以自身经历、能力与学识对大学生施加积极影响的,皆可吸收为社会大课堂育人主体。无论育人主体来自哪个领域和行业,从事何种工作,都要参照"大先生"的标准。遴选始终同党和人民一起的信仰坚定者和忠实实践者,在社会大课堂引领学生,成为学生为学、为事、为人的示范。与此同时,大学生作为教育对象,并非被动的"知识口袋",而是具有公民身份的现实社会政治、经济、文化、科技活动参与者、发起者甚至贡献者,已具备相对成熟的心智水平、一定的专业知识能力、日趋增长的个人成就动机以及较高的自我期望值。这些条件与要素决定了大学生在社会大课堂既是育人对象,又是教育主体,通过自我教育实现育人主体与客体的统一。

社会大课堂能否形成协同育人共同体并实现"三全育人",服务举办及顶层设计主体是立足点,决定社会大课堂的方向对不对、立场稳不稳、思路行不行;构建规划及平台搭建主体是关键点,决定社会大课堂能不能形成校内外合力,赢得充分社会认可;用好"社会大课堂"设计及过程组织主体是着力点,事关社会大课堂的内容、形式、方法好不好;遴选推进及具体实施主体是支撑点,最终影响社会大课堂活动数量、质量及最终育人成效。育人主体从高阶至基础,每一低阶主体是上一层主体的受动者,四个不同层级主体自上而下形成"纵向承续生态关系",每层级主体在横向上互通互融形成同向同行的教育合力。各层级不同主体纵横交错，形成作用于学生的力量统一体，共同面向并执行社会大课堂实践目标，是"许多力量融合为一个总的力量而产生的新力量"①。

第四节　活动实践要求汇聚社会大课堂大资源

课堂资源是为课堂学习提供理论释义、论证、检验及运用价值的素材，是影响课堂质量的重要因素。社会资源能否转化为思政课课堂资源是"社会"能否成为"大课堂"的枢纽环节。"传统的思政课堂，有规定的时间、指定的教室、固定的桌椅、既定的教案，以及确定的答案，这种'一切尽在掌握之中'的思政课，极易陷入空洞说教和机械灌输，具有难以避免的狭隘性和局限性。"②即使思政小课堂运用大量社会案例，然而场所限制以致视域窄化，课程分立以致条块分割，教材固定以致容量不足，理论说教以致枯燥乏味，远离社会以致不接地气。问题解决关键在于把思政课搬进社会大空间，根据时代特点、地域特性、场景特征、课堂受众筛选和整合育人资源。然而社会大课堂的课堂资源并非社会资源简单叠加或随意搭配，它总是伴生于教育主体，教育主体同时也是教育资源供给单位。要选择优质课堂资源，就要强化各类主体及资源的统筹管理，有选择地吸纳、有计划地培养、有措施地激励、有底线地劝退资源单位。只有这样才能发挥社会大课堂"大"的优势，实现"大思政""善"之功效。

---

① 《马克思恩格斯文集》第五卷，人民出版社 2009 年版，第 379 页。

② 冯秀军：《善用"大思政课"的三个维度》，《思想理论教育导刊》2021 年第 8 期。

一、汇聚丰厚的历史文化资源

历史是最好的教科书，历史文化遗产承载着民族的基因和血脉。"强文化应当能够更直接地影响组织结果，因为当组织成员与组织的立场保持高度的统一，这种目标一致性造就了凝聚力、忠诚、意义和组织承诺。"[①] 习近平总书记在考察湖南大学时指出，"要把课堂教学和实践教学有机结合起来，充分运用丰富的历史文化资源，紧密联系中国共产党和中国人民的奋斗历程，深刻领悟马克思主义中国化的内在道理，深刻领悟为什么历史和人民选择了中国共产党和社会主义，进一步坚定'四个自信'"[②]。从存在形态而言，可见的历史文物、可触的文化场馆、可感的文化艺术作品、可阅的人物事件故事、可品的人文风俗习惯，均是历史文化资源的现实存在。一方面，中华优秀传统文化，无论是诸子百家、文化典籍的文字流传，宗教哲学、历史故事的口耳相传，传统技艺、民风民俗的行为承继，还是历史文物、名胜古迹、文化场馆的美丽景观，都是社会大课堂富有教益的课堂资源。另一方面，"围绕革命、建设、改革各个历史时期的重大事件、重大节点，研究确定一批重要标识地，讲好党的故事、革命的故事、英雄的故事，彰显时代特色，使之成为教育人、激励人、塑造人的大学校"[③]。忘我奉献的先进模范、顽强奋斗的英雄人物、视死如归的革命烈士的感人事迹，以及由此凝结的中国共产党人伟大的精神谱系，是不断激发时代青年砥砺奋进的社会大课

---

① 〔美〕斯蒂芬·罗宾斯、蒂莫西·贾奇：《组织行为学》，孙健敏、朱曦济、李原译，中国人民大学出版社 2021 年版，第 447 页。

② 汪晓东、王洲：《让青春在奉献中焕发绚丽光彩——习近平总书记关于青年工作重要论述综述》，《人民日报》2021 年 5 月 4 日。

③ 习近平：《用好红色资源 赓续红色血脉 努力创造无愧于历史和人民的新业绩》，《求是》2021 年第 19 期。

堂必备学习素材和重要课堂资源。

二、汇聚鲜活的时代发展资源

"思政课建设要向改革创新要活力。"[①] 这句话可以从两个方面予以理解。一方面是思政课自身要改革创新，另一方面则是思政课要面向社会改革创新实践，向时代要思政素材。时代不缺少思政课素材，缺少的是发现素材的眼睛。改革开放以来，特别是党的十八大以来党和国家取得的历史性成就、发生的历史性变革发生于师生耳闻目睹的国情、社情、民情第一线。"本乡的，本区的，本县的，本省的，本国的，外国的，由近及远，看得很有味道"[②] 说明身边现实生活是社会大课堂素材最正确有效的打开方式。百年征程的大步伐、改革开放的大事件、社会发展的大题材，以及稳中求进的总基调如何保持，新发展理念如何贯彻，新发展格局如何构建，伟大斗争、伟大工程、伟大事业如何照进现实，党的政治领导力、思想引领力、群众组织力、社会号召力如何增强，都见微知著地体现于亿万人民群众朝朝夕夕的日常工作生活中。从区域经济主体的兴衰起落感知经济发展态势，从周边百姓物质与文化生活水平感知人民幸福指数，从地方基本教育、医疗服务数量、质量感知民生保障水平，从大街小巷是否秩序井然感知基层治理，从贫困弱势群体是否获得救助帮扶感知脱贫攻坚，从山河湖泊清澈程度、城乡空气质量指数感知生态环境治理，从乡村发展变化感知乡村振兴战略。社会大课堂中所见所闻所感的时代场景，每一个触动人心的百姓故事，共同构

---

①　习近平：《论党的宣传思想工作》，中央文献出版社 2020 年版，第 383 页。
②　《毛泽东文集》第一卷，人民出版社 1993 年版，第 261 页。

成一个庞大的思政课素材库。

三、汇聚前瞻的科研学术资源

"科技是国之利器,国家赖之以强,企业赖之以赢,人民生活赖之以好。"①科研育人是高校十大育人体系中的重要一环,高校师生是国家重要科研创新人才群体,既要掌握科技前沿动态,又要将论文写在祖国大地上。高校无论是实施科研创新团队培育支持计划、科教协同育人计划、产学研合作协同育人计划,还是培养师生集体攻关、联合攻坚的团队精神和协作意识,都离不开社会大课堂。然而在科创领域,高校师生闭居学校的弊端可见一斑。"做什么科研"的问题脱离实际,"为谁做科研"的价值认同弱化,"如何做科研"的目标与路径日趋功利,师生如果失去对中国情境、现实问题的关切,也就失去了学术品位和学术判断。如何科技报国?如何参与解决薄弱产业环节的"卡脖子"问题?如何在优势领域精耕细作?只有走进社会大课堂才能回答好这些问题。一方面,天空和深海工程、超级计算、网络通信、轨道交通、生命医学、现代能源等科技领域前瞻性、战略性重大成果和重要贡献人物进入思政课小课堂。另一方面,高校所在地的科研院所、学术机构、高新企业、行业学会、科教场馆所拥有的科技学术资源要能为社会大课堂所用。与科研机构开展学术交流和科研合作,深入地方优势特色高新企业深度调研、专题探讨、合作研发,投身科普机构、科教场馆开展志愿服务,向"国之重器""国之利器"开发者、生产者请教学习,到重大研发和成果

---

① 习近平:《为建设世界科技强国而奋斗——在全国科技创新大会、两院院士大会、中国科协第九次全国代表大会上的讲话》,《人民日报》2016 年 6 月 1 日。

转化项目承担机构参观考察，进入社会基层开展科技服务，积极参与区域科创活动、学术科研竞赛，均是社会大课堂实践内容，形成对课程思政的实质推进，既能提升大学生专业知识、学术能力、科学素养，又能让师生接受思想洗礼，陶冶学术品格和科学情怀，培养社会担当和奉献意识，激发创新精神和奋斗动力。

四、汇聚能动的社会活动资源

"哲学家们只是用不同的方式解释世界，问题在于改变世界。"[①] 大学生要成为坚定的马克思主义者，就要进入社会历练，去认识和改造主客观世界。一方面，精通马克思主义的目的全在于应用，应用马克思主义的途径在于实践。青年是实践马克思主义的关键主体，马克思主义只有在时代的实践中被青年掌握，才能真正赢得青年并赢得未来。丰厚的历史文化资源、鲜活的时代发展资源以及前瞻的科技创新资源不仅对社会大课堂具有观瞻价值，更重要的是其实践价值，资源所有者能成为指导高校师生认识和改造社会的"大先生"，资源所在地能成为释放师生能动性和创造力的好去处。另一方面，马克思主义基本原理和马克思主义中国化时代化最新理论成果"进教材、进课堂"最终是为了"进头脑"。"同学们的忧国忧民，只有到基层中去、到实践中去、到人民中去，才能真正知道所学的知识如何去发挥、如何去为社会作贡献。"[②] 在社会大课堂，大学生通过社会调研、生产劳动、社会公益、志愿服务、勤工俭学、理论宣讲、基层支教等形式，深度参与乡村振兴、环境保护、社会

---

① 《马克思恩格斯选集》第一卷，人民出版社 2012 年版，第 136 页。
② 《大思政课，总书记心中的一件大事》，《人民日报》2022 年 5 月 22 日。

治理、科技创新、理论传播，一方面以人民为师，以实践为师，在服务人民中加深与人民的感情，以实干书写无悔青春篇章，另一方面以实践回应社会热点、关注现实问题、响应时代需要，展现马克思主义学说的科学性，打通马克思主义理论教育对学生"入脑入心"的"最后一公里"。

本 章 结 语

大格局情怀是精神力量，是社会大课堂的灵魂心魄，大主体和大资源是物质力量，是社会大课堂的骨骼血肉，只有大格局情怀才能汇聚大主体，大主体带来大资源。精神力量催生于学校内部，并逐渐向校外推及、延伸，物质力量则由学校主动探求获取于全社会。只有带着大格局情怀，构筑大主体，汇聚大资源，才能把社会大课堂用好，成就社会大课堂之"大"。高校要以大格局情怀的精神力量统领大主体、大资源建设，以大主体、大资源的物质力量强化大格局情怀的精神共识，最终形成相辅相成并相互转化的良性循环。置身于广阔的社会空间，以基层社区、乡镇、农村为课堂，以历史展览馆、博物馆、文化馆、科技馆、纪念馆等为教室，以行进中的改革创新发展为教材，以模范典型人物、改革发展成果为案例，高校师生在社会大课堂的实践过程就是思政课由高高在上的说教向春风化雨、润人无声转化的过程，是高校师生将马克思主义理论运用于社会实际的实践过程。

第九章　在扎根社区、传播理论中用好社会大课堂

——高校青年理论社团精准服务基层社区典型案例分析

高校服务基层社区和用好基层社区社会大课堂具有高度统一性，现实中二者未能实现统一且呈现多重困境。困境归因于指挥棒错误导致社会服务力与学术影响力失衡、认识误区导致社会服务与社会大课堂相割裂、行动力不足导致基层社区成为高校对外互动盲区。HN 大学马克思主义学院破除高校与基层社区两大场域空间封闭性，在街道成立博士理论宣讲社团工作站，以长沙市 SZT 街道及所辖社区为服务对象，以帮助基层社区强化党组织建设、坚定信仰、增强党性、补足理论、提高素质为服务目标，开发思政课程资源、开辟思政教育阵地、创设思政活动，校地同构"一体两翼多元四联"街道思想政治建设共同体，形成相契相融、优势互补、双向育人的校地互动关系，开创高校社会服务精准输入基层社区和用好基层社区社会大课堂互融共生的新范式，是新时代高校扎根中国大地办教育和高校师生把论文写在中国大地的生动阐释。

青年学生要成长为坚定的马克思主义者，就要到基层去历练，去认识和改造主客观世界。高校要扎根中国大地，就要用好基层社区社会大课堂。青年学生深入社区传播马克思主义，即是用好社会大课堂的重要

实践形式。对此，HN 大学马克思主义学院破除高校与基层社区两大场域空间封闭性，以青年理论社团为服务主体，与长沙市雨花区 SZT 街道校地同构"一体两翼多元四联"街道思想政治建设共同体，开创高校社会服务精准输入基层社区和用好基层社区社会大课堂同向而行的新范式。

第一节　问题的提出

"马克思主义就是我们共产党人的'真经'"①。要凝聚全党全国人民的思想共识、坚强意志和强大战斗力，要念好马克思主义"真经"，推进马克思主义大众化传播，"用马克思主义中国化最新成果统一思想、统一意志、统一行动"②。新时代高校具备特殊的理论传播优势，在校内开展好思想政治教育的同时，还应走进社会大课堂，在时代发展洪流中发挥理论传播"轻骑兵"的重要价值功能。然而，梳理既有文献发现，在理论研究方面，学界以往多从思想政治理论课改革创新、学生需求与利益驱动、辅导员工作、高校理论社团建设、团组织建设、校园文化建设、网络媒体运用等不同视角开展高校马克思主义大众化传播研究，这些研究的共同特点是具有显著的内倾性，即传播对象默认为在校大学生，传播首要途径为高校思政课堂，未清晰认识到高校作为马克思主义文化传承、研究和传播机构，既要对内以理论形塑学生思想，又要担当起对外传播马克思主义的政治和社会责任。也有学者强调第二课堂社会

---

① 习近平：《论党的宣传思想工作》，中央文献出版社 2020 年版，第 155 页。
② 习近平：《在"不忘初心、牢记使命"主题教育总结大会上的讲话》，《人民日报》2020 年 1 月 9 日。

实践活动对高校马克思主义大众化传播的推进作用，但也仅将大学生定位于受教者身份，未察觉处于社会大课堂的高校师生具有对外传播马克思主义的主观能动性和主体潜力。在实践推进方面，综观当前社会新闻报道，高校研究马克思主义传播者众，走出"象牙塔"和"桃花源"践行马克思主义大众化传播并总结得失经验者寡，走进基层社区传播马克思主义的实践尤为不足。基于此，本章聚焦高校如何向社会基层精准有效传播马克思主义和善用社会大课堂同步推进问题，从历史与现实、需求与供给、困境与原因、理论与方法四个层面阐述其理路，并根据为期三年社会实践中的参与式观察和深度访谈，归纳总结 HN 大学青年理论社团走进社区这一社会大课堂，开展理论传播，参与基层思想政治建设的创新经验。

第二节 在服务社区、传播理论中用好社会 大课堂的逻辑理路

新时代高校既承担社会服务职能，又要用好社会大课堂，高校深入基层社区传播理论和用好基层社区社会大课堂具有高度统一性，二者存在共生互赢的内在关系。在空间上，基层社区既是高校社会服务的重要场域，又是高校便利、需要、有效的社会大课堂，二者存在空间重叠。在主体上，高校师生既是基层社区的理论传播主体，又是社会大课堂的学习主体，二者存在主体同一。在功能上，在服务社区、传播理论的同时用好基层社区社会大课堂有利于整合大学生实践资源，丰富实践内容，创新实践形式，拓展实践平台，具有传播马克思主义理论、开展马克思主义研究和培养青年马克思主义者的多重功能，二者价值殊途

同归。在性质上,高校服务社会需要师生走出"象牙塔"和"桃花源",在深入基层、走进人民的实践中关注和解决社会现实问题,同时高校要"高度重视思政课的实践性,把思政小课堂同社会大课堂结合起来,在理论和实践的结合中,教育引导学生把人生抱负落实到脚踏实地的实际行动中来,把学习奋斗的具体目标同民族复兴的伟大目标结合起来,立鸿鹄志,做奋斗者"[①],二者均是马克思主义实践观的本质要求和具体展示。

一、历史传统与时代召唤:马克思主义大众化传播的高校使命

其一,马克思主义大众化传播是高校的光荣历史传统。马克思主义一传入中国,高校即成为研究和传播马克思主义的坚实阵地,高校师生成为传播马克思主义重要力量,传播活动不限于高校内部和师生之间,还面向社会,服务并影响大众。李大钊、陈独秀、李达等马克思主义先驱,将一大批优秀青年学子发展成自己的亲密战友和重要的早期马克思主义者,师生创办马克思主义学会和进步刊物,开办平民和工人学校,开展工农运动,运用大众化形式和通俗化语言,与当时各种社会思潮激辩论战,在革命实践中向社会普罗大众传播马克思主义思想,师生共同成为传播马克思主义的中坚力量。中国高校早期传播马克思主义呈现以下特点:在传播主体上由高校革命学者与进步青年主导;在传播时空上立足高校、深入社会、辐射全国;在传播对象上面向大众,利于穷苦百姓接受,便于向工人阶级传播;在传播实践上勇立时代潮头、关注

---

① 习近平:《论党的宣传思想工作》,中央文献出版社 2020 年版,第 385 页。

国家兴衰、心系民族危亡、积极影响民众。可见，中国高校不但直接培养青年马克思主义人才，还担负着在社会广泛传播马克思主义的重要职能。这些成效卓著的宝贵经验对新时代高校传播马克思主义有重要借鉴价值。

其二，把理论送进百姓家是新时代对高校的使命召唤。习近平总书记指出，新时代需要大批"能把马克思主义中国化讲好的人才，讲人民群众听得懂、听得进的话语，让党的创新理论'飞入寻常百姓家'"①。首先，信仰达成社会共识需要大众化传播。社会作为一个统一的整体存在和发展下去，需要社会成员对社会有一种"共识"，并以此为基础形成认知、判断和行为的共通基准。毛泽东曾强调，"让哲学从哲学家的课堂上和书本里解放出来，变为群众手里的尖锐武器"②。一个社会的最高层次共识是共同信仰，"一个社会要是没有这样的信仰，就不会欣欣向荣；甚至可以说，一个没有共同信仰的社会，就根本无法存在"③。在社会主义中国，全社会树立的共同信仰是马克思主义信仰，"必须推进马克思主义中国化时代化大众化，建设具有强大凝聚力和引领力的社会主义意识形态，使全体人民在理想信念、价值理念、道德观念上紧紧团结在一起"④。其次，马克思主义大众化传播是时代赋予高校的重要使命。马克思主义科学理论对人的意识一旦改造成功就会产生物化效用，实现从思想到实践、从意识到存在的改造过程。意识改造工作需要

---

① 云理轩：《推动基层理论宣传"有高度""接地气"　让党的创新理论"飞入寻常百姓家"》，《人民日报》2022 年 2 月 22 日。

② 《毛泽东文集》第八卷，人民出版社 1999 年版，第 323 页。

③ ［法］托克维尔：《论美国的民主》（下卷），董果良译，商务印书馆 1988 年版，第 524 页。

④ 习近平：《决胜全面建成小康社会　夺取新时代中国特色社会主义伟大胜利——在中国共产党第十九次全国代表大会上的报告》，《人民日报》2017 年 10 月 28 日。

专业人才实施,高校本身具备马克思主义专业人才聚集效应、地理区位条件及理论传播资源,应该关注社会现实,服务国家和社会发展的重大关切,科学回答时代和实践所提出的重大理论和现实问题、热点难点问题、关系人民群众切身利益的突出问题,将理论"飞入寻常百姓家"当成不可推却的时代使命和巩固马克思主义在意识形态领域指导地位的重要路径,积极防范"复杂的社会心理和社会思潮消解和侵蚀马克思主义学院的社会影响力"①。

二、基层需求与社会供给:马克思主义社区传播的高校担当

从需求侧审视,下沉社区是马克思主义传播的应然选择。一方面,要想群众掌握理论,先要深入基层社区向群众传播理论。"理论一经掌握群众,也会变成物质力量。理论只要说服人,就能掌握群众"②。基层社区是寻常百姓居住、工作和生活的所在地和党政国策执行的落脚点。新时代社会治理的伟大成就在基层社区生动展现的同时,不同意识形态的交锋在基层社区也时有发生。人民群众美好生活在基层社区创造的同时,社区治理所涌现出的新问题、新矛盾也带来一些价值迷思。党的基层组织要统一群众思想,优化基层治理,基础有效的方法是占领社区意识形态阵地,将马克思主义的声音直达基层,让社区居民也能学好、用好马克思主义。另一方面,要提升基层党组织的政治引领力、吸附力和战斗力,基层党员干部必须补足理论必修课。当前党的建设不少难点和

---

① 艾四林、刘武根:《提升马克思主义学院的学术影响力、社会影响力和国际影响力》,《思想理论教育》2015 年第 11 期。

② 《马克思恩格斯文集》第一卷,人民出版社 2009 年版,第 11 页。

亮点都在基层，《中国共产党党员教育管理工作条例》明确要求加强党员干部政治理论教育和党的宗旨教育，突出政治训练，完成党员年均学习培训任务。然而随着日益增加的党员数量、多元的学习需求及复杂的治理业态，社区党建暴露自有力量不足、理论学习不实、专业性不强的问题，党员教育培训有些时候成为"说起来重要、做起来次要、忙起来不要"①的工作。社区要想建设学习型、服务型、创新型党组织，扭转基层政治理论学习弱化现状，以"关键少数"带动绝大多数，必然要强化基层党组织马克思主义理论学习。

从供给侧审视，高校具备在社区传播马克思主义的区位、主体及资源优势。"同学们的忧国忧民，只有到基层中去、到实践中去、到人民中去，才能真正知道所学的知识如何去发挥、如何去为社会作贡献。"②高校师生下沉基层社区传播马克思主义具有三个现实有利条件。在传播区位上，高校与同城街道社区在空间距离上的通行便利衍生高校在社区传播马克思主义的时间便利。寒暑假、节假日及课余时间，高校和社区双方均可根据现实情况及需求合理选择互动时间，形成稳定可持续的合作关系。在传播主体上，高校是马克思主义学科高层次专业人才的聚集地，具有以马克思主义学院为主，其他哲学社会科学相关学科为辅的专业高素质师资队伍，已形成相对完善的社会服务机制，有人员众多、结构合理且相对成熟的师生志愿服务团队，学校各个部门各司其职、协调配合，具有得天独厚的马克思主义传播主体优势和相应组织优势。在传播资源上，高校特有的学术科研、人才培养职能及人才聚集优势派生独特的马克思主义传播资源优势。其中，高校开展马克思主义研究确保传

---

① 习近平：《论党的宣传思想工作》，中央文献出版社 2020 年版，第 147 页。

② 《习近平与大学生朋友们》，中国青年出版社 2020 年版，第 97 页。

播资源的科学性和前瞻性，进行大学生思想政治教育确保传播资源的系统性和层次性，拥有海量图书及数字资源确保传播资源的丰厚性和多样性。这些资源均是基层社区无法通过自身建设，或从其他组织机构而获取的。可见，引入高校在社区传播马克思主义，开展意识形态引领和价值观引导是社区思想政治建设的优化选择。

三、社会课堂与实践沃土：社区是高校践行马克思主义的重要场域

从人才培养审视，基层社区是有效培养青年马克思主义者的社会大课堂。习近平总书记在湖南大学岳麓书院考察调研时指出，要把课堂教学和实践教学有机结合起来，鼓励青年学子不负时代重托。① 基层历练以认识和改造主客观世界是青年成长为坚定的马克思主义者的重要一环，在社区传播马克思主义与培养青年马克思主义者存在多维同一性。在实践身份上，高校学生在社区具有学习和施教的双重身份。青年大学生已具备相对成熟的心智、一定的专业知识、充分的主观能动性、探究世界的强烈意愿及日益增长的个人成就动机，这些条件与要素决定了大学生在基层社区的学习主体和服务主体双重身份。在实践本质上，高校推进马克思主义在社区传播就是用好社区社会大课堂。"哲学家们只是用不同的方式解释世界，问题在于改变世界"②，精通马克思主义的目的在于应用，应用马克思主义的途径在于实践。基层丰厚的历史文化资源、鲜活的时代发展资源使得社区成为释放师生能动性和创造力的天然

---

① 《习近平在湖南考察时强调　在推动高质量发展上闯出新路子　谱写新时代中国特色社会主义湖南新篇章》，《人民日报》2020年9月19日。

② 《马克思恩格斯文集》第一卷，人民出版社2009年版，第502页。

社会大课堂，优秀典型社区居民也能成为指导师生认识和改造社会的"大先生"。在实践价值上，高校推进马克思主义在社区传播促进实现多重价值功能。师生在社区开展马克思主义相关调研、宣讲、支教、文化建设等志愿活动，消化校内所学理论知识和展现马克思主义学说科学性同步进行，使高校与基层社区互为育人主体，达至传播马克思主义理论、开展马克思主义研究和培养青年马克思主义者等多重实践价值殊途同归。

从学术科研审视，基层社区是高校师生将"论文写在祖国大地上"的实践沃土。高校师生"在学习和研究马克思主义的时候，一定要带着强烈的现实关怀和问题意识，紧密联系世情、国情、党情的变化，去探索和平发展的中国道路、中国方案"①。首先，基层发展之需是高校开展马克思主义研究的重要动因。马克思主义理论是在时代实践中不断发展并保持科学性和先进性，同时又为时代实践服务的科学理论。高校师生融入并服务基层社区，宣传阐释马克思主义及其中国化时代化最新成果，观察基层发展难题，剖析症结原因，有针对性地开展学术研究，是"从国情出发，从中国实践中来、到中国实践中去，把论文写在祖国大地上"②的切实践行。其次，基层社区为高校马克思主义研究供给现实素材。马克思认为，市民社会是国家的自然基础。社区是党和政府联系服务居民的"最后一公里"，百年征程的大步伐、改革开放的大事件、社会发展的大题材都见微知著地体现于社区建设发展中，为高校师生提供马克思主义学科观察和社会研究的诸多现实素材。第三，基层社区是高校马克思主义实践研究的天然场所。社区是国情民意发生的第一线，

---

① 《习近平与大学生朋友们》，中国青年出版社 2020 年版，第 335 页。

② 习近平：《在经济社会领域专家座谈会上的讲话》，《人民日报》2020 年 8 月 25 日。

鲜活的社区生活更易触动青年灵魂。高校师生以深入基层、走进人民的实践回应社会热点、关注现实问题、响应时代需要,既是应用马克思主义探寻社会发展规律的主动选择,也是践行马克思主义实践观的基本路径。

第三节　在服务社区、传播理论中用好社会大课堂的现实困境

与党和国家对高校社会服务及社会大课堂建设的价值引导、功能定位对照检视,当前我国高校对基层社区社会大课堂的运用并不充分,对服务基层社区的有效供给也并不充足。从用好社会大课堂角度审视,高校"大思政"改革创新的重心仍在校内,社会力量参与思政活动、地方资源发挥思政功效并不充分,思政课理论与实践脱节问题依然存在,特别是高校思政教育与社会服务兼顾、理论与实践学习一体的师生社会实践案例极少。从社会服务供给角度审视,近年来高校马克思主义学院社会服务的内容和途径虽然有所突破,但"存在流于形式、影响力有限等亟待破解的问题"[①],尤其是基层社区成为当前高校社会服务短板,具体体现在五个方面。一是以科研及成果转化为主的间接型社会服务多,直接型社会服务少;二是以对大型单位、企业社会服务为主,对基层社区服务少;三是以短时分散型社会服务为主,长效精准型社会服务少;四是以教师个体型社会服务为主,师生团队型社

---

① 张海荣:《马克思主义学院服务社会内容及途径研究》,《学校党建与思想教育》2018年第1期。

会服务少；五是以单一型社会服务为主，综合多元型社会服务少。由此可见，高校马克思主义学院服务基层社区的意识较为淡薄，工作滞于局部和浅表，服务供给不能满足基层社区潜在需求。高校对基层社区出现"俯不下""迈不动""静悄悄"的现实困境，其原因主要在于三个方面。

一、指挥棒失灵以致社会服务力与学术影响力失衡

长期以来高校的社会评价及学科评估体系看排行、重学术、轻服务的指挥棒影响高校社会服务数量与质量，使社会服务力与学术影响力出现失衡现象。第一，重学术科研轻社会服务易导致社会服务相关引导与激励机制欠缺。艾四林（2019）[①]剖析大学马克思主义学院社会影响力与社会服务呈正相关，提出马克思主义学院社会影响力不大、社会服务意识不强、服务边界模糊、服务能力不高，其根本内因是未把社会服务作为学院建设的重要内容，建议马克思主义学院不断克服马克思主义理论教育中的形式化、碎片化、娱乐化、知识化、功利化"五化"倾向，对社会影响力、服务力提升进行整体规划与稳步推进。在学校层面，通观各种流行的大学及学科排名盲目追求"高大上"，对各高校学院、学科和教师的成果评价主要看拿了什么级别的课题项目，有什么级别的文章和学术著作，"无不是被迫对照排行榜的指标体系来办学，将指标分析表当成了办学'作战图'"[②]。在学院层面，学院对教师的工作引导、职称评审依然"五唯"盛行，对学生毕业成果评价依然以论文为

---

① 艾四林：《新时代如何办好思想政治理论课》，人民出版社 2019 年版，第 105 页。

② 黄梓根：《排行追逐：大学"五唯"破而未除的根源所在》，《大学教育科学》2021 年第 4 期。

本,并未能从增加师生社会参与,开展社会服务的角度调整师生评价激励机制。因此,面向社会公众,特别是城乡基层开展社会服务并不是学院及相关学科评估的重要考量指标,只是锦上添花的有益补充。第二,对社会服务实践的轻视易导致相应理论研究的缺失。据已有文献统计,学者对高校马克思主义学院社会服务力、影响力提升的总体研究关注度不高,仅有少量文章阐发马克思主义学院、学科社会服务推动构建校地联动的双向育人关系。其中马奇柯(2008)[①] 提出高校要充分面向、参与和服务社区,发挥社区对青年学生的思想品德教育和社会实践教育力量,构建互动互利、双向服务、合力育人、共建文明的社会化育人格局。常素芳(2015)[②] 认为高校与社区思想政治教育在目标上有共同点和相融性,在实践上有共同研究和建设的需要和求变求新共同诉求,在资源供给上有联动共建的互补优势,提出社会调研、基地建设、理论进社区、项目研究的现实路径。阎占定(2017)[③] 分别就马克思主义学院、学科、教学如何从校园走出去,发挥社会服务的功能展开论述。张君(2019)[④] 针对新时代社区党课宣讲存在教育意识不够、手段落后、层次不分、计划不足的问题,建议高校资源输入社区,与社区形成长期合作机制,对社区提供团队和技术创新的支持。相关研究均仅在理论层面探讨而缺乏现实案例参考。

---

① 马奇柯:《论社区思想政治工作育人机制》,《理论与改革》2008 年第 1 期。

② 常素芳:《大学与社区思想政治教育"联动"的应然性与实然化》,《教育探索》2015 年第 8 期。

③ 阎占定:《民族大学马克思主义理论学科社会服务模式探析》,《学校党建与思想教育》2017 年第 1 期。

④ 张君:《新时代社区党课宣讲与大学资源融合的路径探析》,《黑龙江教育(高教研究与评估)》2019 年第 6 期。

二、认识误区以致社会服务与社会大课堂相割裂

高校师生既缺乏服务社会基层的外在激励，也未生成在基层践行和传播马克思主义的意识自觉，其原因主要在于高校师生对社会服务价值、范畴、形式、载体及与社会大课堂关系的认识存在误区。一是在校内"立德树人"的认识误区。"立德树人"是高校的根本职能，然而教育活动以校园、固定课堂、文本为重心已成为思维惯性，高校教师难以将教育活动视野跳脱至校门之外，更遑论融入社会、服务社会。基层社区是高校师生的眼光未及之处，高校师生在基层行走的社会大课堂自然难成体系和规模。二是社会服务与思政课实践相割裂的认识误区。尽管高校教师既是社会服务的实施者，又是思政课改革的实际推进者，然而高校思政课社会实践责任主体与高校社会服务推进主体在现实中并不同一，相应责任部门也各自独立，一定程度上也弱化了思政课程、课程思政与社会服务的协同作用。三是社会服务重经济贡献，轻政治文化传播的认识误区。哲学社会科学，特别是马克思主义学科与自然学科的社会服务本身就存在功能差异与价值差别，但是很多高校教师简单地认为开展产学研合作，功能上实现科技成果转化应用，价值上产生经济效益才是社会服务，没有意识到进行理论传播和解决社会基层政治、文化问题也是高校社会服务的重要方向，未能从政治立场和社会效益的视角看待问题。四是教师是社会服务主体的认识误区。高校一般把学生当成社会服务的旁观者和教育的被动接受者，而不是社会服务主体。一方面高校教师很少从发挥主观能动性、知识应用性、资源集约性的角度考虑发动学生，特别是作为优质人力资源的博士、硕士参与社会服务；另一方面，教师在组织开展社会实践时强调学生在外界学到什么，而不是帮助社会做什么，把学生单纯当作

社会大课堂的受教者，未充分发掘大学生通过实践回馈社会的潜质。五是以学术科研代替社会服务的认识误区。高校对哲学社会科学相关学科社会服务的评价存在功能异化的倾向，认为科研项目、课题具备社会应用推广价值，即把相关学术研究活动及所生产的学术成果等同于间接开展社会服务。特别在学科评估中，对社会服务贡献栏目仍大量引用课题、论文、获奖、入选人才计划等学术性指标。虽然第五轮学科评估方案对哲学社会科学的社会服务评价相关内容进行了修订，充分认可哲学社会科学学科在政策咨询、智库建设、公共服务和弘扬中华优秀传统文化中的贡献，加大社会服务案例权重，但高校回应评价体系的改变尚需时日。

三、行动力不足以致基层社区成高校对外互动盲区

社会服务的受众主要感兴趣的不是科技或理论成果本身，而是成果作为满足公众需求，解决现实问题的手段是否能为人所用。然而"向上看"不"向下看"的特点，兼以"运动"式或"撒胡椒面"式的社会服务形态，导致基层社区成为高校社会服务和社会大课堂建设盲区。作为社会服务供给方和社会大课堂需求方，高校走进基层社区的主动性不足、合作有限。一是学校对师生投身基层实践的组织力不足。目前高校有计划、成体系开发设计融学生思想政治教育和基层社会服务于一体的实践平台及机制相关典型案例少。与此相对，基于科层制组织结构和内生型资源开发机制，作为社会服务需求方和社会大课堂供给方的基层社区寻求外部支持的意识也不强，对高校主动邀约不足。在教师的组织行为层面，当前高校将服务对象请进来的人才培训类社会服务相对较多，而对如何带领教师走出去、下基层的顶层设计与渠道建设认识不足、行

为被动，各学院和职能部门直接主导和组织的社会服务少，服务路径单一，组织化程度低，教师个体自发的短期松散型社会服务反而占比较高。在对学生的组织行为层面，学生社会实践的组织者主要有三类：承担教学任务，带领学生开展课程实践的课程教师；管理和培育学生群团组织的校团委、学工部门辅导员；组织引导学生毕业实习实训的指导教师。三类组织主体各自为政，相应活动开展缺乏时空交集。二是师生投身基层服务社区的内生动力不足。一方面，高校教师社会服务效果评价、教师个人知名度提升与社会服务对象的实力及社会影响力呈正相关，因此作为服务主体的教师更重视对国家与地方重大战略、决策的建言献策和对大型企事业单位的咨询指导服务。另一方面，能力强、影响广的"专家型""成熟型"教师的社会服务对象选择面宽，在社会服务供给市场里成为备受争抢的"香饽饽"，不待社会基层单位邀请就已经"名花有主"。而学校对学术影响力的偏爱让"成长型"教师更关注自身"生存"和"业绩"，职业活动主要围绕教学与科研展开，职业成就期望主要是获得学生认可及职称晋升。缺乏有效引导激励的外因与习惯坐而论道的内因使得"成长型"教师开展社会服务的知识迁移应用力、组织参与力和开拓创新力均不足，在社会服务实践中有心无力，不敢轻易尝试。

第四节　在服务社区、传播理论中用好社会大课堂的典型案例

高校不能成为游离于社会的孤岛，"环境的改变和人的活动或自我

改变的一致，只能被看做是并合理地理解为革命的实践"①。高校拿稳指挥棒，矫正认识偏差，将目光由校内"一亩三分地"转向校外，不断提升高校与基层社区互动合作的行动力，引领师生在服务基层社区中完成社会大课堂学习，构建高校与社区双向育人共同体具有重要的现实意义和理论探讨价值。本案例青年理论社团是湖南某高校 HN 大学马克思主义博士宣讲团。自 2019 年该团体围绕"马克思主义大众化"核心主题，在长沙市雨花区 SZT 街道以"巩固马克思主义在意识形态领域的指导地位，巩固全党全国人民团结奋斗的共同思想基础"②为价值遵循，以马克思主义理论，尤其是习近平新时代中国特色社会主义思想为传播内容，以街道社区居民为传播对象，针对街道需求及靶向问题，开展定制化、系统化、长期化的马克思主义大众化传播实践。

一、理论指导与方法指引

理论指导：马克思主义精神交往论。

恩格斯提出："当你想从事这种宣传，想为自己招募志同道合者时，仅仅发表宣言是不够的，而必须探究根据，因而，必须从理论上来考虑问题，也就是说归根到底必须科学地对待问题。"③根据马克思主义精神交往论，马克思主义传播作为高层次精神交往，不是孤立于社会物质生产及交往之外的抽象物，而是包括信息沟通、创造性思维、艺术审美和

---

① 《马克思恩格斯文集》第一卷，人民出版社 2009 年版，第 500 页。
② 习近平：《论党的宣传思想工作》，中央文献出版社 2020 年版，第 14 页。
③ 《马克思恩格斯文集》第三卷，人民出版社 2009 年版，第 383 页。

情感互动在内的精神活动。① 马克思主义传播的精神交往属性对马克思主义传播实践具有理论指导和现实规范价值。第一，在传播本质上，马克思主义传播不是机械刻板的理论输出，而是传播主客体间就理论主题产生思想对话、情感共鸣和价值同化。第二，在传播过程上，马克思主义传播是马克思主义理论在普罗大众中间，与社会个体或群体产生知、情、意的精神交往，以此建立和维系社会关系，并以精神交往影响物质交往、以精神生产影响物质生产的过程。第三，在传播对象上，如列宁所言，"最高限度的马克思主义＝最高限度的通俗化"②，马克思主义传播不仅面向学生、党员和领导干部，更要面向基层普罗大众。第四，在传播方法上，马克思主义传播不是居高临下、一厢情愿的单向宣教灌输，而要与民众形成平等的心理沟通，使马克思主义内化为社会个体的心理认知、态度、情感和行为动机，进而转化为全体人民对共同理想信念的自觉追求。第五，在传播目的上，马克思主义大众化不是为了迎合大众，而是以时代化、通俗化的传播来提升人民群众对马克思主义的理论认同、对中国共产党的政治认同和对中国特色社会主义的道路认同，凝聚人民精神合力。只有在基层社区实现传播主体与客体间的精神交往，才能实现真正意义的马克思主义大众化和民众对马克思主义的真正信仰和拥护。

方法指引：拉斯韦尔传播学 5W 模型。

传播学先驱拉斯韦尔确立传播学 5W 模型，即一个传播过程包括传播主体（Who）、传播内容（Say What）、传播渠道（In Which Channel）、

---

① 参见陈力丹：《精神交往论——马克思恩格斯的传播观》，中国人民大学出版社2008 年版。

② 《列宁全集》第三十六卷，人民出版社 1959 年版，第 468 页。

传播对象(To Whom)以及传播效果(With What Effect)等五大要素。①
五项传播要素对应五项传播研究。其中,传播主体对应控制分析,意味
传播主体在传播影响因素较多的情况下要对传播主题起把关和守护作
用;传播内容对应内容分析,体现传播主体的价值判断与选择,对"传
播什么"有所坚守;传播渠道对应媒介分析,即主体要选择多样化媒介
及路径方法传达传播内容;传播对象对应受众分析,即有效传播基于主
体精准识别传播对象,考虑对象身份差异、社会背景及成长环境等个体
因素;传播效果对应效果分析,即明确主体传播意图并达成信息传递的
目标。拉斯韦尔传播学 5W 模型为本案例马克思主义社区传播实践提供
方法论框架。

二、传播对象及社区需求

传播对象:长沙市雨花区 SZT 街道下辖社区居民。

马克思主义大众化传播坚持以人民为中心的工作导向,人民群众在
哪里,传播阵地就应该在哪里。湖南省长沙市雨花区 SZT 街道位于长
沙市核心老城区的东塘商圈东南角。街道沿韶山路和劳动路呈扇形打开
直至京广线、二环线,面积 2.6 平方公里,与 HN 大学相距 8 公里,地
铁交通仅 4 站,往来通行便利。街道常住人口 5 万,总人口近 9 万,下
辖桔园、野坡等 8 个社区 90 个居民小组。街道现有基层党组织 92 个,
其中党委 7 个,党总支 3 个,党支部 82 个。全街共有共产党员 3908 名,
其中 2071 位直管党员、799 位在职党员、212 位流动党员、801 位离退
休党员和 25 位退伍退役军人党员。SZT 街道所辖社区党员、干部、群

---

① 李彬:《传播学引论》,新华出版社 2007 年版,第 71—72 页。

众均是马克思主义传播对象。

社区需求：以学好用好马克思主义这个看家本领夯实党的基层执政思想基础。

街道与高校建立互动关系基于街道思想政治建设现实需求与困境。首先，街道期待注入马克思主义传播新力量。此前，SZT 街道弱小的专业化思政工作力量与近 4 千名党员、近 9 万总人口规模以及复杂社区结构难以匹配，"小马拉大车"导致街道自有资源欠缺，外部资源导入乏力，全街道学习和践行马克思主义的总体设计不足，系统推进困难，社区各自为政，传播对象区分度不明、覆盖面不广，连带党支部组织建设、党员干部素质提升以及社区党群干群关系等受到影响。第二，街道期待抓实社区马克思主义理论学习。此前，街道存在直接拿政策文件传达替代政治理论学习和以做具体实事代替政治理论学习两个不好倾向，还存在单向灌输、不能因类施教的现象。这些理论学习淡化、政治学习虚化、理论传播创新弱化的问题反映的是基层党组织对马克思主义传播性质与作用认识不足，街道亟须完成从被动学向主动学、从应付学向扎实学的转化。第三，街道期待强化社区主流意识形态引领。SZT街道居住人口密度大，注册企业多，形成"一圈两带三板块"的经济布局。以东塘商圈为核心有凯宾斯基、平安人寿、沃尔玛、顺天国际等大型企业入驻，曙光南路特色商业带上阳光锦城承接凯德商圈，劳动路板块友谊、通程、步步高等本土企业云集，此外街道还有长沙内燃机配件厂、长沙电机厂、省纺织机械厂等改制企业厂区、宿舍区。街道繁荣的商圈、复杂的经济业态和众多的民营企业需要强化主流意识形态引领。第四，街道期待增强社区基层党组织外部黏性。一方面就业单位衰减的基层治理功能和居民小区"原子化"生活方式让社区告别熟人社会，产生治理真空。另一方面，社区内小区业主权益维护组织、社会公益志愿组织、行业协会组织、居民兴趣爱好组织等样态丰富的团体组织纷纷成立。要发挥这些社会组织对社区治理的积极功效，需要党员在各类组织穿针引线，以马克思主义引领组织发展，发挥思想政治工作"生命线"功效和"软治理"优势。

三、传播主体及传播机制

传播主体：HN大学马克思主义博士宣讲团。

HN大学将夯实党的基层执政思想基础作为重要现实课题，在SZT街道专门设立马克思主义博士宣讲团工作站（以下简称工作站），打造一支以开展马克思主义大众化传播为使命的学习型、服务型、创新型青年理论社团。工作站以开展理论科普、讲好红色故事、服务基层治理、引领时代风尚为宗旨，开展理论传播实践，落实主体传播职能。在人员结构上，工作站一方面由团省委"青年讲师团"讲师主导，以博士生为骨干，马克思主义学院全体学生和其他学院优秀学生参与，虽以"博士"为名，但参与者并非仅有博士，还广纳不同学历层次和专业类型学生。

传播机制：同构街道"一体两翼多元四联"传播共同体。

根据街道需求与困境，工作站从外部打破街道科层制组织结构和碎片化传播模式，通过以"站"引"才"、"双学双做"，构建街道"一体两翼多元四联"马克思主义传播共同体。"以'站'引'才'"即通过工作站不断吸引学校优秀学生在社区开展马克思主义传播相关社会服务。"双学双做"即启动"双学双做·HN学子进社区"项目，推进"基层党员学政治理论，高校学子学基层知识"双学习，实现"做新时代理论宣讲员，做初心使命践行者"双实践。"一体两翼"是以街道为主体，以工作站及社区公益组织为两翼，不断发挥工作站对街道马克思主义传

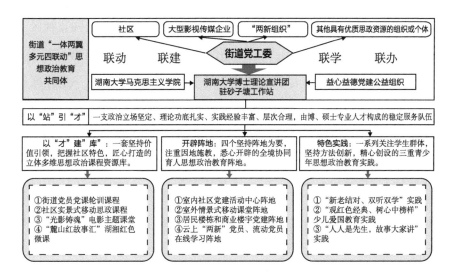

图 9-1　"一体两翼多元四联"街道思想政治建设共同体构建模式

播的智囊、参谋、资源储备及现实推进职能。"四联"则是"联动""联建""联学""联办",即由高校及街道内各社区党组织、公益组织、"两新"党组织、国企党组织、楼宇物业党组织以及街道群团组织等多元力量构成的"联合行动",学生党支部与社区党支部"联合建设",高校学子和社区党员干部相互对标、结对学习的"联合学习",各类实践活动"联合举办"。

四、传播渠道与传播内容

传播渠道:共同开辟因地制宜、因人施教的全域协同传播阵地。

"一个队伍经常是不大整齐的,所以就要常常喊看齐,向左看齐,向右看齐,向中看齐。"[①]要喊好看齐,就要抓好阵地建设。工作站系统

[①]　《毛泽东文集》第三卷,人民出版社 1996 年版,第 297—298 页。

分析街道各社区软硬条件、小区特色、居民结构，立足街道强化社区主流意识形态引领和加强党组织外部黏性的需求，校地合力开辟"线上 + 线下"+"课堂 + 基地 + 小区 + 楼宇"全域协同传播阵地。一是社区思想政治课堂阵地。通过对社区党员教育中心改造提质，强化党建引领，展示社区亮点，使简陋的活动场地成为组织理论宣讲，开展社区研学，兼顾社区治理成果展陈的多功能教育空间。二是室外实景式移动传播阵地。对社区闲置公共空间开展红色主题景观设计，将马克思主义理论和新时代发展成就融入亭台、步道、长廊、浮雕等公共景观综合展示，打造集文化性、纪念性、地域性于一体的社区移动党史馆、马克思主义中国化小公园，红色景观配合移动课程，吸引社区居民驻足停留。三是居民楼栋和商业楼宇传播阵地。将马克思主义理论送进商业楼宇和小区居民楼栋，让企业党员、物业党组织党员、年老体弱和行动不便党员的政治生活常态化、规范化，着力化解其理论学习边缘化、思想不统一、行动跟不上问题。四是"两新"党员、流动党员在线学习阵地。工作站汇集"两新"党员、流动党员形成网络学习团队，推进短小精悍、主题鲜明模块化微课在线学习，解决特殊党员群体人员分散、线下活动困难、自学成效不理想问题。

传播内容：共同开发价值引领、兼顾特色的立体多维传播资源。

"理论创新每前进一步，理论武装就要跟进一步。"① 工作站立足助力街道抓实社区马克思主义理论学习，主导开发传统教学、新媒体教学和实践教学并重，适应不同教学阵地的传播资源体系。首先共同开发课程资源。一是街道党员教育轮训课程。突出政治引领和理论宣贯，按照

---

① 《习近平关于"不忘初心、牢记使命"论述摘编》，中央文献出版社、党建读物出版社 2019 年版，第 69 页。

党内规章制度所规定的党员培训任务及加强党员教育管理针对性、有效性的要求，开发原理原文教育、党纪规章教育、形势政策教育、党史国史教育、家风家训熏陶等系列党员轮训课程。二是社区实景式移动传播课程。结合社区发展特点、治理特色以及社区典型事迹，精心开发《社区也要讲马克思主义》《夸一夸咱街道》《学习实事求是思想，赓续红色湖湘精神》等实施户外教学的实景式移动传播课程。三是湖湘地域红色微课。工作站深入贯彻落实习近平总书记考察湖南重要讲话和指示精神，创设"麓山红故事汇"红色微课，在故事讲述中将湖湘革命人物对马克思主义的吸收、运用与创新讲清楚。四是"光影铸魂"主题电影课程。充分挖掘街道内潇影集团院线平台资源，以"主题教育＋红色观影"的方式将红色英雄人物、红色历史故事与红色电影相融合，吸引社区居民，尤其是少年儿童直观了解党和国家奋斗历程，感性认识实践第一、人民至上和不言放弃的马克思主义政党特质，加深对中国化马克思主义的理解把握。其次共同开发特色实践项目。青少年扣好人生的扣子，需要心中有榜样，"学习英雄人物、先进人物、美好事物，在学习中养成好的思想品德追求"[①]。为此，工作站专门针对社区青少年和参加社区实践的大学生设计两项爱国主义教育实践。一是"新老双听互学"大学生社区实践。街道有百岁老红军、抗美援朝老战士、参加国家重大建设项目的劳动模范，以及国有大型企业离退休干部等"五老"人员，工作站与街道共同组织大学生定期走进"五老"家中，青年学子给老人讲理论时政，老人给青年学子述初心故事，新时代大学生通过对标典型，深刻领悟党的奋斗历程和时代青年责任担当。二是"人人是先生，故事大家讲"群众宣讲实践。发掘、动员街道退伍军人、扶贫干部、杏林国

---

① 《习近平谈治国理政》第一卷，外文出版社2018年版，第182页。

医、能工巧匠、革命后代、邻里模范等社区典型人物走进校园、社区小广场、讲习亭、共享书屋等场所，用身边人身边事传播红色故事，让社区青少年看齐标杆并立志成为标杆，注目旗帜且争取成为旗帜。

第五节　典型案例的工作成效及经验总结

一、案例工作成效

自建站以来，工作站实践成效明显。作为校地合作的纽带与桥梁，工作站将高校与街道社区互为思政主体、资源的潜在供应关系转换为现实供应关系，形成相契相融、优势互补、双向育人的良性互动，为 SZT 街道开发课程资源，开辟教育阵地，创设思政活动，两年间带领师生走进街道社区 30 余次，实践活动受益对象涵盖街道全体党员干部和大部分群众，在向社会基层推进马克思主义大众化传播上做出创新尝试，产生良好社会影响与政治效益，是新时代高校扎根中国大地和高校师生把论文写在中国大地上的生动阐释。

其一，扩展 SZT 街道思想政治工作覆盖面。工作站一边将高校优质资源不断精准投递给街道这一特殊重要空间，一边帮助街道充分盘活自有资源，通过系列主题鲜明、风格多元、适应不同群体对象的资源、阵地建设，将"思政课"送到社区党员干部和群众家门口，强化流动党员、非公企业党员、年老体弱党员等薄弱板块党员思想政治建设，重视社区青少年政治意识和核心价值观引导，社区思政覆盖面由室内向室外延伸，集中性教育向经常性教育延伸，"关键少数"向广大居民延伸、国有企事业单位向"两新"组织延伸，提高了街道思想政治教育数量和质量，解决了原先存在的思想政治工作"一刀切""一锅煮"问题，实现各社区党员思想政治教育全员、全方位、全过程覆盖，为社区居民思想上解惑、精神上解忧、文化上解渴，画出街道意识形态同心圆。

其二，激活 SZT 街道思想政治工作创新力。工作站充分运用广泛覆盖与分类教育、显性教育与隐性教育、解决思想问题与解决实际问题相结合的思想政治教育原则，主导优化街道思政工作体系，创设了室内外相呼应、线上线下相结合的教育新阵地和新形式，开展了灵活多样新实践，解决了社区思想政治教育随意化、表面化、程式化、庸俗化问题，促进社区和高校思想政治建设主体、资源、阵地、活动创新，不断增强马克思主义，特别是习近平新时代中国特色社会主义思想对社区居民的吸引力、感染力，让街道思想政治教育"活起来"。"家门口的思政课"成为长沙市乃至湖南省社区思政先进典型案例，SZT 街道也成为长沙市党组织建设样板街道。

其三，展现大学生经世致用服务人民的时代担当。"不论学习还是工作，都要面向实际，深入实践，实践出真知"①。实践性是马克思主义的本质属性，马克思主义越应用则越精通。工作站在履行高校社会服务职能的同时，使 SZT 街道成为青年学子"预社会化"的重要空间。校地合作让一批又一批大学生读好读透无字之书，秉承问题意识和现实导向，走进街道最深处、社区最基层，既聆听时代发展强音、捕捉社情民意、与时代脉搏同频共振，又学以致用，在解决问题中涵养爱国情强国志，展现大学生投身基层、服务社会的报国行和接续奋斗的青年担当。基层社区的真实情境、现实问题及需求期望更能激发学生学习兴趣和参与热情，不断提高深刻理解和灵活运用马克思主义的能力，实现育他、

---

① 《习近平与大学生朋友们》，中国青年出版社 2020 年版，第 97 页。

他育、自育三者统一，践行对马克思主义的真学、真懂、真信、真用。

其四，擦亮高校社会大课堂马克思主义鲜亮底色。"突出实践教学，将生动鲜活的实践引入课堂教学，将课堂设在生产劳动和社会实践一线，全面提升育人效果"[①]。党和人民事业的后继之人绝不是枯坐思政小课堂的事业旁观者，而是积极投身社会大课堂的事业参与者。一方面，师生以街道社区为"课堂"，以行进中的社区活动为教材，以社会服务项目为任务，既为人民服务，又拜人民为师，将马克思主义理论由消化至外化，由书生意气向实事求是转化，由社会治理旁观者向参与者转化，提升个人能力素养与运用马克思主义理论相辅相成。另一方面，高校嵌入城市基层发展脉络，激发基层创新活力，既打破高校"运动"式、"撒胡椒面"式社会服务，又摆脱思政课高高在上式的说教，突破"大思政"建设的校园局限，思政小课堂同社会大课堂相融合创新青年马克思主义者培养模式，在解决学校思政课理论与实践脱节、有形思政与无形思政失衡、学生理论学习与社会实践不均等方面形成质的突破，是高校思政课"理直气壮"地开、与时俱进常开、活学活用善开的鲜活案例，擦亮高校社会大课堂马克思主义底色。

二、案例经验启示

本案例打破教师是社会服务主体的认识误区、"立德树人"只能在校内的认识误区和社会服务与思政课改革创新相割裂的认识误区，将拓展社会服务、延伸"立德树人"空间、用好社会大课堂和强化基层思想

[①] 《教育部关于印发〈高等学校思想政治理论课建设标准（2021 年本）〉的通知》，2021 年 11 月 30 日，见 http://www.gov.cn/zhengce/zhengceku/2021-12/18/content_5661767.htm。

政治建设四者统一于社区场域，开创高校社会服务精准输入基层社区和用好基层社区社会大课堂互融共生的新范式。工作站的实践模式具备可持续、可优化、可复制和可迁移特性，对其他高校具有一定借鉴意义。

　　其一，树立马克思主义社区传播责任意识是前提。基层社区是高校"触手可及"的社会大课堂，也是高校的重点服务区域；社区党员群众是高校师生的重要服务对象，也可成为高校师生的老师。第一，高校要站在政治责任的高度深入基层社区。一方面，社区是基层基础，只有基础坚固，国家大厦才能稳固[①]，社区作为社会治理基本单元，是党委和政府联系群众、服务群众的神经末梢，是社会治理、国家治理的"最后一公里"。另一方面，基层社区是人民群众工作生活所在地，是现实矛盾和思想冲突的最前沿，是党的思想政治工作的薄弱地，自然是高校马克思主义学院的用武之地。服务基层社区是高校融入国家治理、站稳人民立场的途径与表现，高校要看到基层社区的重要性和基层社区思想政治建设的紧迫性，秉持大思政、大宣传的理念，全面发挥高校是学习研究宣传马克思主义的主阵地、党的思想理论工作重要平台以及与非主流意识形态交锋主力军的重要作用。第二，高校要站在社会责任的高度深入基层社区。知屋漏者在宇下，知政失者在草野。一方面，理论联系实际是马克思主义的内在要求，高校要搞好马克思主义研究，就要破除科研学术与社会服务相孤立的思想，纠正长期以来重科研轻服务、以科研代服务的片面认识和做法，引领师生深入基层社区社会大课堂中贴近实际、贴近生活、贴近群众，以人民需求推动学术创新。另一方面，高校学术科研、社会服务、思政改革相辅相成，学术影响力、社会影响力和

---

① 《习近平在湖北考察时强调　坚持新发展理念打好"三大攻坚战"　奋力谱写新时代湖北发展新篇章》，《人民日报》2018 年 4 月 29 日。

思政改革创新力互有助益。与其困守书斋、坐而论道,不如投身基层,用敏锐的洞见力发现和提出现实问题,用深厚的专业学养理论帮助解决现实问题,在洞察基层社会现实中发现盲点、研究热点、争议焦点,从而提升学术水平。

其二,完善马克思主义社区传播体系机制是关键。在基层社区开展服务型社会实践,团队至关重要。"一个由对团队项目乐于奉献并相互支持的成员组成的团队的绩效每次都胜过杰出的个人。"[①]首先,重视学生的社会服务主体地位,构建一支本、硕、博结构合理,想干事、能干事、干成事的开放式师生实践团队。第一,培养博士生为骨干。冯长根教授认为攻读博士学位意味着进入"没有现成答案"的时代,博士生不是做乖学生,而是当好专家。博士生要真正有效开展学术研究,打牢坚实的理论基础固然重要,但在实践中进行淬炼,带着问题意识去体察社会,找到学术研究点同样不可忽略。同时博士生理论学养相对较深,社会阅历相对丰厚,解决问题能力相对较强,有为数不少的博士生有多年工作经验,可以通过引领基层社会服务发挥专长才干,成为素质更优、能力更强、情怀更深的复合型人才。第二,吸引硕士、本科生广泛参与。学校既把硕士和本科生当成社会大课堂的受教者,也把他们当成基层社会治理的参与者与施助者。无论学历层次和专业背景,只要具备社会服务意愿,通过招聘、培训及考核,均可成为社会服务实践团队成员,在具体实践中学思践悟、发光发热。第三,邀约"成熟型"教师为指导。学校要着力打造以"成熟型"教师为主的指导力量,为团队建设谋篇布局,为实践项目出谋划策,为活动开展给予指引,将学校"大思

---

① [美]斯蒂芬·罗宾斯、蒂莫西·贾奇:《组织行为学》,孙健敏、朱曦济、李原译,中国人民大学出版社 2021 年版,第 269 页。

政"创新理念融会贯通于社会服务具体实践中。其次，要建立促成想干事、能干事的人干成事的导向与激励机制。学校通过顶层设计与长远规划体现对社会服务和社会大课堂的真正重视，从师资队伍建设，人才培养方案制定，学校、学院制度建构，课程教学改革等方面展现相应的明确导向与具体要求。学校还要为机制建设辅以相应激励措施，能使投身基层的师生在获得能力素质提升之外得到相应的肯定和鼓励。对于教师，要特别鼓励其主动对接基层"客户"，针对基层重大现实问题指导学生展开服务，适当提高服务基层的成果、业绩在岗位考核、职务聘任、职称晋升以及评先评优中的分量。对于学生，既要鼓励学生把服务基层当作社会实践"必修课"，又要在学校制度层面把社会服务作为学生评选奖项、推干推优及升学考察的重要参考因素。

其三，提供精准长效马克思主义传播服务是方向。如何面向基层社区开展服务型社会实践？以往高校"向上看"不"向下看"让基层社区难以进入高校视野，而"运动"式、"撒胡椒面"式的服务常态又让高校社会服务形式粗放、效能低下。要打破这一僵局，第一要注重解决基层现实问题与推进高校思想政治教育实践、专业学习实践相结合。本案例中的高校与基层街道社区建立合作伙伴关系有两个重要基础。一是有满足各自利益诉求的需要。高校通过服务推进思政创新，创造思政实践和专业实践机会，提升学校社会影响力。街道则借助高校力量落实和创新思想政治建设。二是各自有组织转型发展的需求。高校要改革学科建设与社会发展互动机制，而基层党组织则要向"六有"基层服务型党组织转型。二者为校地互动提供充分的现实基础。第二要化分散粗放型互动实践为精准集约型互动实践。"集约"作为经济术语，原意是以效益为根本对诸经营要素进行重组，合理运用现代管理与技术以提高成效，实现投入成本的收益最大化。其中，"精准"是集约的内在要求。实践对象要精准。高校要眼睛向下,聚焦与学校距离较近、服务需求强烈、呈现问题突出的同城街道社区,与其形成"点对点"精准双向服务关系,借助高校系统、规范、科学的资源体系帮助基层走出困局。实践内容要集约。高校改变单一实践形式,根据自身优势结合项目特色对实践内容进行整体优化。本案例中的工作站不仅在社区开展理论传播,还诊断社区思政困境,调研基层党组织,参与基层党务,开发特色课程,创设红色项目,为基层治理建言献策,推进社区文化环境建设,全方位服务让街道、社区思想政治工作焕然一新。实践活动要长效。在初期,实践活动面向社区重点人群,着力解决痛点难点问题;在中期,重视因人施策,将实践活动与社区治理各个方面相结合。在长期,着力落细、落小、落实,加强环境创设和氛围营造,在隐形教育上发力,服务对象覆盖普通居民。

本 章 结 语

本案例中,尽管工作站建设持续优化,实践成效明显,但鉴于运营时间及经验所限,诸多方面尚待优化提质。一是实践推进从"单兵作战"向创建高校联盟转化。工作站可吸引和邀请更多同城院校成立同城高校服务基层公益实践联盟,将具有雏形的实践模式传导给联盟成员,指导其他高校点对点与同城街道社区或周边乡镇建立互学互助关系,扩大服务实践的集约规模效应,让更多的基层党组织及社区、乡镇成为实践受益者和更多高校师生在实践中受教育、作贡献、长才干。二是理论传播从有力度向有温度、有精度升华。工作站有待下移工作重心,将思想理论传播的触角伸向居民小区,特别是区分街道内安置类小区、单位直管类小区、商业物管类小区、无物管开放式小区等不同类型小区,对不同社区、小区设计差异化、精细化服务，将马克思主义理论和新思想转化为接地气、顺民意、易消化的语言和形式，增加思想政治工作的温度和精度。三是受益对象从以党员为主向全体居民扩展。思想政治工作作为治党治国的重要方式，在基层社区的作用对象包括全体居民。随着社区居民素质、结构、相处模式及外部环境的迅速变化，社区非党员居民的思想动态更需关注。工作站可通过增加学生志愿者力量和社区实践频次，创新服务形式，扩充服务容量，以街道老年人口、学生、贫困人口、失业人群、流动人口以及模范典型等特殊群体为关注重点，在宣传党和国家路线方针政策、形塑居民理想信念、传播核心价值、涵育公民品质、引导社区公序良俗方面下功夫，增进社区居民对中国共产党和中国特色社会主义的政治、思想、理论、情感认同，汇集社区治理"最大公约数"。四是服务范畴从单一思想政治工作向社区治理延伸。"把思想政治工作与经济建设和其他各项工作结合起来，为党和国家中心工作提供有力政治和思想保障。"[1] 工作站要着力成为改善街道党群关系、化解社区矛盾的润滑剂和优化社区治理的营养剂，用学业专长服务群众，将思政工作融入社区治理，在居民急难愁盼的问题上发力，通过参与调解居民矛盾、服务居民家庭教育和家风建设、疏导群众思想心理问题、引导制定社区"乡规民约"、开展法治教育与法律咨询、参与物业建设，潜移默化地以价值理性矫正工具理性，过滤基层非主流杂音。

---

① 《中共中央国务院印发〈关于新时代加强和改进思想政治工作的意见〉》，《人民日报》2021 年 7 月 13 日。

参考文献

一、专著类

[1]《马克思恩格斯文集》第一卷，人民出版社 2009 年版。

[2]《马克思恩格斯文集》第四卷，人民出版社 2009 年版。

[3]《马克思恩格斯全集》第三卷，人民出版社 2002 年版。

[4] 马克思：《1844 年经济学哲学手稿》，人民出版社 2014 年版。

[5] 马克思、恩格斯：《德意志意识形态》（节选本），人民出版社 2018 年版。

[6]《列宁选集》第一卷，人民出版社 2012 年版。

[7]《毛泽东文集》第七卷，人民出版社 1999 年版。

[8]《习近平谈治国理政》第一卷，外文出版社 2018 年版。

[9]《习近平谈治国理政》第二卷，外文出版社 2017 年版。

[10]《习近平谈治国理政》第三卷，外文出版社 2020 年版。

[11]《习近平谈治国理政》第四卷，外文出版社 2022 年版。

[12]《习近平关于科技创新论述摘编》，中央文献出版社 2016 年版。

[13]《习近平关于全面从严治党论述摘编》，中央文献出版社 2016 年版。

[14]《习近平关于社会主义政治建设论述摘编》，中央文献出版社 2017 年版。

[15]《习近平关于青少年和共青团工作论述摘编》，中央文献出版社 2017 年版。

[16] 新华通讯社课题组:《习近平新闻舆论思想要论》,新华出版社2017年版。

[17] 中央学校采访实录编辑室:《习近平的七年知青岁月》,中共中央党校出版社2017年版。

[18] 习近平:《论党的宣传思想工作》,中央文献出版社2020年版。

[19]《习近平与大学生朋友们》,中国青年出版社2020年版。

[20]《习近平文化思想学习纲要》,人民出版社2024年版。

[21] 习近平:《论教育》,中央文献出版社2024年版。

[22] 习近平文化思想研究中心秘书处:《习近平文化思想实践案例选编》,学习出版社2024年版。

[23] 张人杰、王卫东:《20世纪教育学名家名著》,广东高等教育出版社2002年版。

[24] 钱伟长:《教育和教学问题的思考》,上海大学出版社2000年版。

[25] 同济大学高等教育研究所:《课程思政与立德树人》,同济大学出版社2010年版。

[26] 王英龙、曹茂永、刘玉、李红霞:《课程思政:我们这样设计》,清华大学出版社2020年版。

[27] 姜雅静、程丽萍:《三全育人理念下高校课程思政改革实践》,立信会计出版社2021年版。

[28] 俞慧文、陈飞编:《理论与实践:大中小学思政课一体化建设路径探析》,上海教育出版社2022年版。

[29] 史卫民、陈晓莉、白呈民:《大思政在希望的田野上》,中国财政经济出版社2023年版。

[30] 胡雪莲、罗月佳:《全员育人"大思政"格局下的第二课堂》,中国社会科学出版社2023年版。

[31]《思想政治工作研究》杂志社编:《讲好新时代"大思政课"(第一辑)》,人民日报出版社2023年版。

[32]《思想政治工作研究》杂志社编:《讲好新时代"大思政课"(第二辑)》,

人民日报出版社 2023 年版。

[33] 北京大学课程思政教学研究中心:《北京大学课程思政示范课程案例集》,北京大学出版社 2023 年版。

[34] 范益民:《构建"三全育人"大思政格局的理论与实践》,中国经济出版社 2024 年版。

[35] 孙秀丽:《高校课程思政与思政课程协同育人研究》,武汉大学出版社 2024 年版。

[36] 杨建义:《课程思政基本问题研究》,人民出版社 2024 年版。

二、报纸类

[1] 习近平:《在知识分子、劳动模范、青年代表座谈会上的讲话》,《人民日报》2016 年 4 月 26 日。

[2] 习近平:《在哲学社会科学工作座谈会上的讲话》,《人民日报》2016 年 5 月 19 日。

[3] 习近平:《为建设世界科技强国而奋斗》,《人民日报》2016 年 6 月 1 日。

[4]《习近平在全国高校思想政治工作会议上强调 把思想政治工作贯穿教育教学全过程 开创我国高等教育事业发展新局面》,《人民日报》2016 年 12 月 9 日。

[5] 习近平:《决胜全面建成小康社会 夺取新时代中国特色社会主义伟大胜利——在中国共产党第十九次全国代表大会上的报告》,《人民日报》2017 年 10 月 28 日。

[6] 习近平:《在北京大学师生座谈会上的讲话》,《人民日报》2018 年 5 月 3 日。

[7]《习近平在全国教育大会上强调 坚持中国特色社会主义教育发展道路 培养德智体美劳全面发展的社会主义建设者和接班人》,《人民日报》2018 年 9 月 11 日。

[8]《中共中央关于加强党的政治建设的意见》,《人民日报》2019 年 2

月 28 日。

[9] 习近平:《在教育文化卫生体育领域专家代表座谈会上的讲话》,《人民日报》2020 年 9 月 23 日。

[10]《"大思政课"我们要善用之》,《人民日报》2021 年 3 月 7 日。

[11]《习近平在清华大学考察时强调　坚持中国特色世界一流大学建设目标方向　为服务国家富强民族复兴人民幸福贡献力量》,《人民日报》2021 年 4 月 20 日。

[12] 习近平:《在庆祝中国共产党成立 100 周年大会上的讲话》,《人民日报》2021 年 7 月 2 日。

[13] 习近平:《关于〈中共中央关于党的百年奋斗重大成就和历史经验的决议〉的说明》,《人民日报》2021 年 11 月 17 日。

[14] 习近平:《在庆祝中国共产主义青年团成立 100 周年大会上的讲话》,《人民日报》2022 年 5 月 11 日。

[15] 习近平:《高举中国特色社会主义伟大旗帜　为全面建设社会主义现代化国家而团结奋斗》,《人民日报》2022 年 10 月 26 日。

三、期刊类

[1] 杨晓慧:《建设具有强大思政引领力的教育强国》,《教育研究》2024 年第 9 期。

[2] 冯秀军、邹玉:《关于新时代思政课建设高质量发展的若干思考》,《思想理论教育》2024 年第 7 期。

[3] 王习胜、华银峰:《"大思政课"建设的核心旨趣、层级延展与效果期待》,《思想理论教育》2024 年第 5 期。

[4] 许涛:《大思政课视角下高校"劳动＋思政"协同育人的理论逻辑、历史逻辑及实践逻辑》,《北京联合大学学报（人文社会科学版）》2024 年第 2 期。

[5] 叶方兴:《"大思政课"建设中的社会参与:依据、意蕴与原则》,《思

想理论教育》2024 年第 2 期。

[6] 谭志敏、张齐学:《新时代"大思政课"建设的系统审视》,《华南师范大学学报(社会科学版)》2023 年第 6 期。

[7] 穆牧:《苏州地铁文化资源在高校思想政治教育中的价值研究》,《城市轨道交通研究》2023 年第 11 期。

[8] 张昱:《上海红色资源融入中小学教育的现状、问题及对策》,《东南文化》2023 年第 5 期。

[9] 杨怀宏、朱强:《大思政育人格局下数字化教学资源体系建设研究》,《学校党建与思想教育》2023 年第 20 期。

[10] 叶方兴:《课程论视域下"大思政课"建设的理论意蕴与实践路向》,《思想理论教育导刊》2023 年第 10 期。

[11] 荣华伟:《高校思想政治教育的历史逻辑与创新发展》,《江苏高教》2023 年第 9 期。

[12] 兰洁:《高校"大思政课"高质量建设的逻辑理据和实践进路》,《学校党建与思想教育》2023 年第 16 期。

[13] 耿品、冯淑萍:《科技小院赋能高校"大思政课"的价值意蕴、核心要旨与实践理路》,《思想政治教育研究》2023 年第 4 期。

[14] 李玉蓉:《新中国成立初期清华大学政治"大课"模式探索及其启示》,《社会主义核心价值观研究》2023 年第 4 期。

[15] 孙津津:《"大思政课"生态体系建构与思考》,《中学政治教学参考》2023 年第 27 期。

[16] 郑敬斌、王丽:《"大思政课":显著成效、实践省思与理论澄明》,《马克思主义理论学科研究》2023 年第 7 期。

[17] 郑卫丽、赵淑杰:《大党大国典礼:爱国主义教育"大思政课"的范式特征和实践探索》,《学校党建与思想教育》2023 年第 13 期。

[18] 陶好飞、杨熙:《高校"大思政课"协同育人的策略优化》,《思想理论教育导刊》2023 年第 6 期。

[19] 张毅翔、武昉:《新时代思想政治工作体系运行的实践特质》,《思

想政治教育研究》2023 年第 3 期。

[20] 向波涛:《把握党的创新理论的世界观和方法论 善用"大思政课"铸魂育人》,《中国高校社会科学》2023 年第 3 期。

[21] 雷蕾:《"大思政课"建设的三维导向》,《学校党建与思想教育》2023 年第 9 期。

[22] 李俊峰:《以历史主动精神构建高校"大思政课"育人体系》,《中国高等教育》2023 年第 9 期。

[23] 丁柯尹:《"大思政课"视阈下大学生社区志愿服务的三维透视》,《学校党建与思想教育》2023 年第 8 期。

[24] 亓光、孙倩:《"大思政课"时空适宜的基本内涵、内在逻辑与实现路径》,《学校党建与思想教育》2023 年第 5 期。

[25] 张养志:《学科交叉融合背景下我国出版大思政育人格局中的理论与实践创新》,《科技与出版》2023 年第 1 期。

[26] 梅纪萍、储德发:《"大思政课"视阈下职业院校校园文化育人价值功能与实施路径研究——基于扬州"三把刀·匠"文化育人的实践探索》,《中国职业技术教育》2023 年第 2 期。

[27] 岳潇、卢黎歌:《善用"大思政课"推进新时代思政课改革创新》,《学校党建与思想教育》2022 年第 24 期。

[28] 马福运、宋晓珂:《"大思政课"科学内涵的多维解读》,《中国高等教育》2022 年第 19 期。

[29] 李蕉:《"大思政课"的历史方位与理论定位》,《思想理论教育导刊》2022 年第 9 期。

[30] 李蕉、周君仪:《"大思政课"视域下对建设高质量课堂的思考》,《思想理论教育》2022 年第 7 期。

[31] 邓纯余:《新时代思想政治教育社会化的理论与实践审视》,《思想理论教育》2022 年第 8 期。

[32] 张慧、石路:《课程思政的功能性外溢及实现路径》,《教育理论与实践》2022 年第 15 期。

[33] 单文鹏：《善用"大思政课"的多维探析》，《思想理论教育导刊》2022 年第 5 期。

[34] 耿化敏：《红色校史资源与中国人民大学"大思政课"建设》，《教学与研究》2022 年第 5 期。

[35] 楚国清：《善用"大思政课"培养中华民族伟大复兴的先锋力量》，《中国高等教育》2022 年第 7 期。

[36] 王晓骊、张玉晨：《善用"大思政课"创新思政课程教学的实践路径》，《中国高等教育》2021 年第 20 期。

[37] 高国希：《试论关于"大思政课"的几对范畴关系》，《马克思主义理论学科研究》2021 年第 10 期。

[38] 史宏波、谭帅男：《大思政课：问题指向、核心要义与建设思路》，《思想理论教育》2021 年第 9 期。

[39] 赵春玲、逄锦聚：《"大思政课"：新时代思政课改革创新的重要方向和着力点》，《思想理论教育导刊》2021 年第 8 期。

[40] 夏永林：《"大思政课"内涵的多维探讨》，《思想理论教育导刊》2021 年第 8 期。

[41] 朱旭：《"大思政课"理念：核心要义、时代价值与实践路径》，《马克思主义理论学科研究》2021 年第 5 期。

[42] 陈淑清：《"大思政"观视域下大中小学思政课教材一体化构建》，《思想理论教育导刊》2020 年第 12 期。

[43] 李胤：《新时代高校教师思政工作机制研究》，《学校党建与思想教育》2020 年第 23 期。

[44] 何益忠：《论思政小课堂同社会大课堂结合的价值意蕴和实践路径》，《思想理论教育》2020 年第 10 期。

[45] 刘同舫：《思想政治理论课教学亟须解决的五个问题》，《思想理论教育导刊》2019 年第 7 期。

[46] 邱国良：《基于矩阵式定位模型的高校"大思政"育人格局的构建》，《中国高等教育》2019 年第 5 期。

[47] 房广顺、李鸿凯：《构建高校思想政治理论课责任协调机制研究》，《学校党建与思想教育》2018 年第 4 期。

[48] 郑俊玲：《高校大思政育人模式分析——兼论专业教师与思政工作者协同育人问题》，《宏观经济管理》2017 年第 S1 期。

[49] 张闯：《构建多方参与、共同推动的"大思政"工作格局》，《中国高等教育》2017 年第 12 期。

[50] 孟宪生：《推进思想政治理论课课前、课中、课后一体化的合力机制探究》，《思想理论教育导刊》2014 年第 5 期。

[51] 王学俭、张哲：《多维空间视阈下的思想政治教育研究》，《马克思主义研究》2014 年第 4 期。

[52] 储德峰：《高校"大思政"教育模式的特征及理念》，《中国高等教育》2012 年第 20 期。

[53] 叶锦文：《构建校本大思政教育体系的思考》，《国家教育行政学院学报》2011 年第 11 期。

[54] 王国炎：《思想政治理论课"大思政"教学改革与建设探索》，《思想教育研究》2010 年第 5 期。

附　录　党的十八大以来我国学校思政课主要规章制度目录

序号	发布时间	发文单位	关键词	发文字号	效力级别	制度名称
1	2022年11月4日	教育部	中小学；思政课	教基〔2022〕5号	部门规章及文件	《关于进一步加强新时代中小学思政课建设的意见》
2	2022年7月25日	教育部；中共中央宣传部；中共中央网络安全和信息化委员会办公室；科学技术部；工业和信息化部；生态环境部；国家卫生健康委；国家文物局；国家乡村振兴局；中国关心下一代工作委员会	大思政课	教社科〔2022〕3号	部门规章及文件	《全面推进"大思政课"建设的工作方案》
3	2021年11月30日	教育部	高等学校；思想政治理论课	教社科〔2021〕2号	部门规章及文件	《高等学校思想政治理论课建设标准（2021年本）》

序号	发布时间	发文单位	关键词	发文字号	效力级别	制度名称
4	2021 年 7 月 27 日	教育部；国家文物局	革命文物；思政课	文物革发〔2021〕25 号	部门规章及文件	《关于充分运用革命文物资源加强新时代高校思想政治工作的意见》
5	2021 年 4 月 27 日	中共中央；国务院	新时代；思想政治工作		行政法规及法规性文件	《关于新时代加强和改进思想政治工作的意见》
6	2020 年 12 月 18 日	中共中央宣传部；教育部	思想政治理论课	教材〔2020〕6 号	部门规章及文件	《新时代学校思想政治理论课改革创新实施方案》
7	2020 年 11 月 5 日	教育部办公厅	高校思政课	教社科厅函〔2020〕14 号	部门规章及文件	《关于进一步做好"一省一策思政课"集体行动工作的通知》
8	2020 年 5 月 28 日	教育部	高等学校课程；思政建设	教高〔2020〕3 号	部门规章及文件	《高等学校课程思政建设指导纲要》
9	2020 年 4 月 22 日	教育部；中共中央组织部；中共中央宣传部；中共中央政法委员会；中央网络安全和信息化委员会办公室；财政部；人力资源社会保障部；共青团中央	高校；思想政治工作；体系	教思政〔2020〕1 号	部门规章及文件	《关于加快构建高校思想政治工作体系的意见》

续表

序号	发布时间	发文单位	关键词	发文字号	效力级别	制度名称
10	2020 年 1 月 16 日	教育部	高等学校；思想政治理论课；教师队伍	中华人民共和国教育部令第 46 号	部门规章及文件	《新时代高等学校思想政治理论课教师队伍建设规定》
11	2019 年 9 月 18 日	教育部；中共中央组织部；中共中央宣传部；财政部；人力资源和社会保障部	中小学；思想政治理论课；教师队伍	教师函〔2019〕8 号	部门规章及文件	《关于加强新时代中小学思想政治理论课教师队伍建设的意见》
12	2019 年 8 月 6 日	中共中央办公厅；国务院办公厅	思想政治理论课		行政法规及法规性文件	《关于深化新时代学校思想政治理论课改革创新的若干意见》
13	2019 年 4 月 17 日	教育部	思想政治理论课；教师队伍	教社科函〔2019〕10 号	部门规章及文件	《普通高等学校思想政治理论课教师队伍培养规划（2019—2023 年)》
14	2018 年 4 月 12 日	教育部	高校；思想政治理论课教学；工作要求	教社科〔2018〕2 号	部门规章及文件	《新时代高校思想政治理论课教学工作基本要求》
15	2017 年 12 月 4 日	教育部党组	高校；思想政治工作	教党〔2017〕62 号	部门规章及文件	《高校思想政治工作质量提升工程实施纲要》

续表

序号	发布时间	发文单位	关键词	发文字号	效力级别	制度名称
16	2017年7月5日	教育部办公厅	高校；思想政治理论课	教社科厅函〔2017〕33号	部门规章及文件	《关于高校组织思想政治理论课主题学习实践活动的通知》
17	2016年12月4日	中共中央；国务院	高校；思想政治工作；加强和改进		行政法规及法规性文件	《关于加强和改进新形势下高校思想政治工作的意见》
18	2016年7月29日	教育部	高等学校；思想政治理论课	教社科函〔2016〕17号	部门规章及文件	《高等学校思想政治理论课教学指导委员会章程》
19	2016年3月25日	教育部办公厅	高校教育；思想政治理论课	教社科厅函〔2016〕15号	部门规章及文件	《关于推进实施高校思想政治理论课特聘教授制度的通知》
20	2015年9月10日	教育部	思想政治理论课；高等学校	教社科〔2015〕3号	部门规章及文件	《高等学校思想政治理论课建设标准》
21	2015年9月9日	中共中央宣传部；中共教育部党组	高校党建；宣传思想工作	教党〔2015〕31号	团体规定	《关于加强和改进高校宣传思想工作队伍建设的意见》
22	2015年7月27日	中共中央宣传部；教育部	高校教育；思想政治理论课；	教社科〔2015〕2号	部门规章及文件	《普通高校思想政治理论课建设体系创新计划》

续表

序号	发布时间	发文单位	关键词	发文字号	效力级别	制度名称
23	2015年7月23日	中共中央组织部；中共中央宣传部；教育部	思想政治教育；高校党建	教思政〔2015〕4号	部门规章及文件	《关于领导干部上讲台开展思想政治教育的意见》
24	2013年6月25日	教育部	高校课程；教师培养	教社科〔2013〕4号	部门规章及文件	《普通高等学校思想政治理论课教师队伍培养规划（2013—2017年)》

责任编辑：邓浩迪

封面设计：石笑梦

版式设计：严淑芬

图书在版编目（CIP）数据

善用"大思政课"的理与路 / 吴增礼，李亚芹著．

北京 ：人民出版社，2025. 6. -- ISBN 978 - 7 - 01 - 027184 - 2

Ⅰ. G641

中国国家版本馆 CIP 数据核字第 2025NB8472 号

善用"大思政课"的理与路

SHANYONG DA SIZHENG KE DE LI YU LU

吴增礼　李亚芹　著

人民出版社 出版发行

（100706　北京市东城区隆福寺街 99 号）

北京建宏印刷有限公司印刷　新华书店经销

2025 年 6 月第 1 版　2025 年 6 月北京第 1 次印刷

开本：710 毫米 ×1000 毫米 1/16　印张：14.5

字数：200 千字

ISBN 978 - 7 - 01 - 027184 - 2　定价：76.00 元

邮购地址 100706　北京市东城区隆福寺街 99 号

人民东方图书销售中心　电话（010）65250042　65289539